んなに読んでもらいたい

伝わる文章 Before >>> After

坂本俊夫 著

まむかいブックスギャラリー

目次

第3章　文章の細部に気を配る

第4章　文章の印象を良くする

はじめに

日本語でずっと話しているのだから、それを文字にすること、つまり、文章を書くことなど、だれにでもできて当然だと思っている人も多いでしょう。しかし、「今日は何々をしました」といった日記のようなものなら書けても、何か目的を持った文章を書こうとすると、簡単には書けなくなるものです。

マガジンハウスの『鳩よ！』という文芸誌の編集人だった三浦実は「書くことは誰にでもできる。誰にでもできることだからこそ、書くことは難しい」と話しています(『フリーライター入門・自分をおもしろがって生きろ』収録の語録)。ふだん使っている言葉を文字にすることは容易にできます。しかし、自分の主張、考え、気持ちをほかの人にわかってもらえる文章を書くことは、簡単ではないということです。

文章を上達させる方法として「名文を読め」とよく言われます。確かに名文を手本とすることは大切です。『文章読本』『文章の書き方』のような本には、手本となる文章が名文として紹介されています。名文である理由も解説されています。ただ、解説を読んで、なるほどこういう書き方をしているから名文なのかと納得することはあっても、意識して名文を書こうとすると容易にはできません。結果として名文になることはあるでしょうが。

ですから、この本では「名文がどうのこうの」という話はしません。文章を書く上で大切なのは、伝えたいことを読み手にきちんと伝えることです。それができている文章が、ほかの人が読んでわかる文章、よい文章なのです。

『女ざかり』などの作品がある作家の丸谷才一は、『文章読本』で「文章の最も基本的な機能は伝達である。筆者の言はんとする内容をはつきりと読者に伝へて誤解の余地がないこと、あるいは極めてすくないことが、文章には要求される。何よりさきに要求される」と言い、「どんなに美辞麗句を並べ立て、歯切れがよくても、伝達の機能をおろそかにしてゐる文章は名文ではない。駄文である。いや、文章として最低の資格が怪しいのだから、駄文ですらないと言ふのが正しいだらう」と書いています。

また、詩人の萩原朔太郎は、「僕の文章道は、何よりも『解り易く』書くということを主眼にしている」(「僕の文章道」)と、作家、劇作家の井上ひさしは、「いい文章とは何か、さんざん考えましたら、結局は自分にしか書けないことを、どんな人でも読めるように書く。これに尽きるんですね」（『井上ひさしと１４１人の仲間たちの作文教室』）と言っています。

伝えたいことをわかりやすく書く。「どんな人でも読めるように書く」。これが文章を書く基本であり、また、むずかしいことでもあります。

何かを書きたいという人は多いでしょう。そして、せっかく書いたのだから、人に読んでもらいたい、あるいは、たくさんの人に読んでもらうために本にしたいと考えている人も多いでしょう。そこにとどまらず、書いて稼ぎたい、有名になりたい、賞を取りたいという人もいるかもしれません。

どの段階を目指すかは人それぞれですが、いずれにしても、わかりやすい文章、伝わる文章を書くことが出発点となります。これができなければ、先に進めません。

本書は、伝えたいことをわかりやすく書くにはどうすればいいのか、その一つの手がかりとなるような構成にしてあります。大きく分けて、第１〜３章は基本編、４〜６章は応用編といった形になっています。

本書が、何かを書きたいというみなさんの一助となれば幸いです。

坂本俊夫

第1章

書く内容を決める

1章のポイント

- 題材について考える
- だれに読んでほしいかを考える
- 書く視点を定める
- どんな文章を書くのかを決める
- 随筆、紀行、論説、自伝を書く

文章を書く上で欠かせないのが「何のために」「何を」「どのように書くか」。井上ひさしは『自家製文章読本』で「何のために」は「目的、動機、用途」、「何を」は「文章の中心思想」、「どのように」は「語り口、文章形式、文体」と説明します。「中心思想」は「Central thought」の訳語で「書きたいことをぎりぎりまでしぼりあげたもの」(国語学者平井昌夫の説明)です。ここでは「何のために」「何を」について考えます。

❗ 読み手が興味を持つ題材を選ぶ

自分は納得していても、読み手にはよくわからないという、ひとりよがりの文章をたまに見かけます。自分が読み返す備忘録のようなものなら、それでいいでしょうが、他人に読んでもらおうという場合、それではいけません。

あることに何かを感じた。そのことを書こう。それが文章を書く出発点、動機で、この「あること」が題材です。

自分の心を動かしたもの、最近の政治、世間を騒がせているある事件、先日遭遇した出来事など、いろいろなものが題材になります。その題材をもとに自分なりの中心思想をだれかに伝えたいという思いが、ものを書かせる原動力です。

そして、実際に書くに際には、題材とそれをもとに書く内容が、人に読んでもらえるものかどうかを考えることも大切です。

有名な人の文章なら別かもしれませんが、あまりにも個人的な題材、特に「昨日、プレゼントをもらいました」「うちの猫のミーちゃんは、こんなに利口なんです」というような自慢話などは、内容がよほどおもしろいものでない限り、読み手の興味をひきません。

「うちの息子が目標の大学に合格しました。その晩は家族でお祝い。勉強の仕方がよかったのだと思います。家族もいろいろな形で応援したので、家族みんなが合格したような気分です」

この文章は、子供の大学合格を題材にし、家族みんなが喜んでいるという内容です。インターネットでコミュニケーションをとるSNS（ソーシャル・ネットワーキング・サービス）への投稿や友人知人への手紙なら許容範囲でしょうが、一般の人に読んでもらえる内容にはなっていません。会ったこともなく、有名人でもない人の息子の大学合格にだれが興味を持つでしょうか。

読み手が関心を示すのは、文章の内容が、「おもしろいか」「役に立つか」「共感を覚えるか」「感動できるか」、このいずれかに応えるものに対してです。家族の応援の仕方が独特で、それが受験の成功につながり、受験生を持つほかの家庭にも有益なものなら、役に立つ話なので、「合格に役立った家族の支援」を題材にし、それについて具体的に書けば、読み手は興味を持って読んでくれるでしょう。

また、ある事柄を題材にして文章を書く場合、「庭の花が美しい」「あの事件の首謀者はとんでもない人だ」だけでは、一行で終わってしまいます。これでは単なる「つぶやき」です。文章にするには、選んだ題材について自分が感じた内容を明らかにしたり、深く考えたりしていく作業が必要です。

見慣れていた花が今日は特に美しく感じたのなら、それはなぜなのかを考えてみる。自分の内面が反映したものなのか、感覚が敏感になっていたのか、天候が特によかったのか。ある事件について憤りを感じたなら、自分はそのことについて、なぜ憤ったのか、どのような判断基準によるものなのかなどを自分なりに明らかにしてみるのです。

文章を一行のつぶやきで終わらせないためには、書きたい内容について深く考え、自分の価値観、考え、感性を文章に反映させていく。そうすることで内容が豊かになります。

たとえば、目にとまったつつじについて、次のように書いてみるとどうでしょう。

この二、三日、咲いたなという程度しか気にしていなかった坂道のつつじが、今日は私を励ましてくれた。

そのつつじは、駅から会社までのゆるやかな上り坂の道端に数本咲いていた。朝は遅刻しないようにと急ぎ足で上り、帰りは、このところ残業が多く、夜道となり、目にも入らなかった。

先週、仕事で失態を演じ、ここ数日、その謝罪と解決のために社内を走り回らなければならず、しかも、解決できるかどうかもわからないという状況で、心が重かった。残業疲れも重なり、毎朝、坂道を上るのがつらかった。

今朝もたどたどしい足どりで上っていた。すると、さあっと風が吹き、私の膝の高さにあったつつじが揺れた。思わず目をやったら、薄いピンクに染まった花がゆっくりと身を揺らしながらこちらを見ている。そのさわやかな様子は、頑張れよと励ましてくれているようだった。

少し元気になった。そのおかげで問題に前向きに取り組むことができ、なんとか解決できた。帰り道には心の中でつつじにお礼を言った。人は自然に助けられるのだなとつくづく思った。そういえば、家のまわりや通勤途中には、梅雨時はあじさい、真夏はひまわり、秋にはコスモスなどが咲いている。これからは、それらを愛

――でるゆとりを持とう。そうすれば、毎日も変わるかもしれない。

この文章は、つつじを題材にしていますが、「つつじが咲いていた」「きれいだった」といった事実や感想の記述で終わらせていません。人は自然のちょっとした表情に励まされるというテーマの文章になっています。

自然の変化を敏感に感じ取る感性や、ある事件を悲惨だと思い憤る心は、書く内容を深める上で大切な要素となります。

❗ だれに読んでほしいのかを考える

社内報なら職場の人や家族が、専門の雑誌ならその業界の人やその分野に詳しい研究者、学生などが読者になり、特定の人に絞られるので、題材も絞られてきます。

専門の人を対象に書く場合は、その世界で通用する専門用語などを使うことで、簡潔に考えを伝えることができるでしょう。一方、新聞への投稿やだれに読まれるかわからないブログなどの場合、不特定の人が対象となり、専門用語や業界の言葉を使うと、伝わりにくくなります。

書き始める前に、どんな人に読んでもらいたいのか、ある程度考えておきましょう。

書き始める前に視点を定める

何かを主張したい、伝えたいと思って書く場合、視点を定めることが大切です。視点とはものを見る立場のことです。様々な考えが世の中にある中で自分はこれが正しいと思う観点から、感想や主張を書く。

たとえば、話題の演劇について、かつて劇団の裏方の仕事をしていた人が、裏方の視点から評価して書いていくと、その人ならではの内容になるでしょう。一方、絶賛したいのか酷評したいのかといった視点を曖昧にしたまま書き始めると、文章にまとまりがなくなり、「この人は一体何を言いたいのか」となってしまいます。

視点を定め、定めたらぶれないで書き進める。そうすることで、文章は伝わりやすくなります。

！ どんな種類の文章にするかを決める

文章には、小説、随筆、紀行文、論説文、ノンフィクションなど、いろいろな種類があります。本書では伝わることを重視しているので、作り話である小説は除いて、事実にもとづいて書く文章を主に取り上げます。

随筆

随筆は、見聞したこと、経験したこと、感じたことなどを気ままに書くものです。吉田兼好の随筆『徒然草』は、「つれづれなるまゝに、日暮らし、硯にむかひて、心にうつりゆくよしなし事を、そこはかとなく書きつくれば」で始まります。「暇なので、一日中硯に向かって、心に浮かぶたわいもないことをとりとめもなく書きつけると」といった意味です。随筆はこのように心に浮かんだ、いろいろなことを書いていけばよく、特に「これこれの内容でなければいけない」というものではありません。この随筆とエッセイが混同されることが多いようです。しかし、違いがあります。

イギリスの哲学者、ジョン・ロックの『人間知性論』の原題は『An Essay Concerning Human Understanding』で、そのまま訳せば『人間の知性に関するエッセイ』です。同じくイギリスの政治哲学者、アイザイア・バーリンの『自由論』の原題は『Four Essays on Liberty』で、『自由についての四つのエッセイ』。いずれも学術書で、とりとめもなく書く随筆とは異なります。作家の林望は『リンボウ先生の文章術教室』でエッセイを「論理的文章」と定義します。一方、随筆の内容は「どうでもいいことでもいい」が、ただし、随筆は「よっぽど文章力があるとか、その人の人生がおもしろいとか、その人の観察眼が鋭いとか、描写力が秀逸だとか、そういう人生経験と筆力が物を言う世界」であり、「文章力のある人が書くから随筆であって、文章力のない人が書くと、単なる雑文ということになってしまいます」と言います。ならば、とりあえず林望が言う「雑文」から書き始めて、随筆に昇格できるように努めましょう。

紀行文

旅の途中の出来事や旅先で感じたことなどを書いたものです。旅日記のように、日記風に書くものや、京都、奈良の名所を旅して歩く、各駅停車で各地を巡るというように、テーマを絞って書くものがあります。松尾芭蕉の『奥の細道』は俳句が盛り込まれているので、俳諧紀行文と言います。

論説文

ものごとのよしあしを論じる文章で、新聞の社説が代表的なものです。自分がきちんと論じられる題材を選ぶことが大前提です。読み手に理解・納得してもらうには、独断的ではなく、客観的に書き、また、受け売りにならないように気をつけます。

ノンフィクション

小説のような作り話ではなく、事実にもとづいて書いた文章です。現在のことであれ、過去のことであれ、事実を調べて、あるいは関係者に取材をして書き上げます。伝記・自伝も事実をもとにして書くものですから、ノンフィクションの一つです。

！随筆は書き出しを工夫する

随筆は書きやすく、ブログの大半が随筆感覚で綴られています。

ただ、書きやすいことと、読みやすいこと、おもしろいこと、感動を与えること、共感を得ることとは異なります。読みにくい、つまらない、不快になる文章もあります。

実際に随筆を書く場合は、特に書き出しを工夫しましょう。

「回転ずしの店ができたので行ってみたら、皿に見たことがない巻きずしがのっていた」と書けば、読み手は「いったいなんだろう」と興味を持ってくれるでしょう。

「1日で10万円も稼げる仕事があるというので、行ってみたら、大変な目にあった」と書けば、「どんな仕事で、どんな目にあったのだろう」と、その後の文章を読み進めてくれます。

「僕のいのちの恩人は、ふたりといいたいところだが、実は二つある。日本語と酒だ。この二つのものの組合せというべきか、相関関係というべきか、それが僕のいのちを救ってくれたのだ」

これは、編集者、作家の臼井吉見の随筆「日本語と酒と」の書き出しです。いのちの恩人が人ではない。しかも、日本語と酒だという。どういうことだろうと、読みたくなりませんか。

書き出しに持ってくるのに効果的な話には、珍しい話、感動的なこと、独自の考え、興味深い事実、常識外の数字、めったにできない体験などがあります。もっとも、特別な話や事柄を必ず書き出しにしなければ読んでもらえないというわけではありません。多くの人が知っていること、感じていることから入っていくことで、共感を持って読んでもらえる場合もあります。

ここからは、文例をもとに、伝わる文章について一緒に考えていきましょう。

文例 ① Before

立ち飲み屋にも女性進出

私がよく使う駅の前に飲み屋がある。ある日その店に行くと、きれいな格好をした女が一人で飲んでいて、びっくりした。

政府が「一億総活躍」「女性の活用」などと必死になっているが、すでに世の中で女性はたくましく活躍している。

彼女はキャリアウーマンらしく、スーツ姿でやきとりをつまみに生ビールを飲んでいた。

立ち飲み屋チェーンのこの店は、80%が男の一人客で、たまに若い男女がいる。値段のわりに味はよいほうだと思う。

女性の社会進出はここにもきたかと、私は少し弾んだ気持ちになって、チューハイを注文した。

Before
私がよく使う駅の前に飲み屋がある。ある日その店に行くと、きれいな格好をした女が一人で飲んでいて、びっくりした。

Level up

ありふれた題材も書き方でおもしろくなる

文例では、飲み屋に「きれいな格好をした女が一人で飲んで」いたとあります。これでも、「どんな人なんだろう」と興味を示してくれるかもしれません。ただ、飲み屋で女性が一人で飲んでいる光景はそれほど珍しくありません。書き手は、男ばかりの立ち飲み屋に女の人が一人でいたので、びっくりしたのでしょう。しかし、肝心の「立ち飲み屋」が、読み進まないと出てきません。

この書き出しを、たとえば「駅前によくある立ち飲み屋チェーンの格安屋に入ったときのことだ」とするとどうでしょう。行ったことのある読み手は親近感を覚え、「自分もよく行くところだ。どうしたんだろう」と興味を示すでしょう。そして、いつもほぼ男性客で占められるその店に「女性の客が一人でいた」と書けば、「ほう」と読み続けてくれるかもしれません。このように、読み手に読んでみようかと思わせる書き出しを考えます。

次に、書き出しに続く内容ですが、特異な体験、珍しい話を題材に綴ればおもしろいのはもちろんです。ただ、日常的な事柄を取り上げて、感じたこと、考えたことを書いても、書き方を工夫すれば読んでもらえます。

東海林さだおという漫画家がいます。この人は随筆も上手です。食べ物に関する随筆が多く、取り上げるのはコロッケ、ラーメンといった身近なものがほとんどで、そこに読み手は共感し、「東海林さんはコロッケについて何を語るのか、どんな蘊蓄《うんちく》を披露してくれるのか」と思い、読み進めるのです。そして、期待を裏切らず、おもしろい。

それはなぜか。豊かな表現、飽きさせない展開、そして何よりも、題材に対するこの著者ならではの視点、掘り下げ方、これがおもしろいのです。「コロッケについて、そんな見方があるのか」という独特のものがある。

先の文例で言えば、「立ち飲み屋に女が一人で飲んで」いたという出

Before
彼女はキャリアウーマンらしく、スーツ姿でやきとりをつまみに生ビールを飲んでいた。

来事は珍しい題材に相当します。この場合、女性が一人で飲んでいたことをどのように書くかが大切です。文例では、「スーツ姿でやきとりをつまみに生ビールを飲んでいた」と書いているだけです。その人はどんな様子だったかが気になり、読み進めた読み手はがっかりします。ここでは、彼女の飲みっぷりなどを描いてみるといいでしょう。

ここでちょっと脱線しますが、例文では男女について「男」「女」「女性」と書いています。「女性」ではなく、「女」と書いたり、言ったりすると、蔑視しているように思われる風潮があります。テレビのニュースを見ていると、「容疑者の男」「容疑者の女」と「被害者の男性」「被害者の女性」と使い分けていて、「男」「女」は汚い言葉のような扱いです。しかし、意味に違いはありません。そうは言っても、なんとなく、「男」「女」より、「男性」「女性」のほうが丁寧な感じだと思っている人は多いでしょう。

詩人の大岡信は、同じ「オトコ」「オンナ」を示しているのに、受け取る印象が違う理由について、次のように説明します。

「漢字を音読みすると、なまなましい即物的な実感が薄れるということが一般的に言えるのです。（中略）漢字を音読みの形で用いると、意味のなまなましさが拭いとられて、代わりに抽象性が増すのです。それは音読みの言葉が、直接には意味をあらわさない音響の連続で成り立っているからです。オトコといえばオトコ以外の何ものでもないのですが、ダンセイといえば男性・男声・弾性のどれにも当てはまります。（中略）『男』より『男性』の方が、一人一人別々である具体的なオトコの感触を呼び起こさない語だと言っていいのです。（中略）もし文字の意味の方に注意するならば、『男性』という字はわざわざ『性』をぶら下げているのですから、『男』よりももっとそのものずばりオトコではないですか。（中略）私はどっちでもいいと思っているのです」

（『大岡信の日本語相談』）

このようなわけで、どちらが正しい、丁寧、ということはなく、どちらを使ってもかまいません。ただ、「女」を使われると不愉快に思う人が多いのも事実ですから、次の文例では「女性」に統一します。

Before
私がよく使う駅の前に飲み屋がある。ある日その店に行くと、きれいな格好をした女が一人で飲んでいて、びっくりした。

彼女はキャリアウーマンらしく、スーツ姿でやきとりをつまみに生ビールを飲んでいた。

文例 1 After

立ち飲み屋にも女性進出

駅前によくある立ち飲み屋チェーンの格安屋に入ったときのことだ。きれいな格好をした女性が一人で飲んでいた。ちょっと驚いた。この店は安さが売りで、仕事帰りの男たちが1、2杯飲んで帰っていく。混んでくると、客は半歩ずつ詰めて、一人分のすき間をつくる。そんなわけで、客の大半は男だ。たまに男に連れられて女性も入ってくるが、女性だけは見かけたことがない。だから驚いたのだ。

30代くらいのその女性は、キャリアウーマンのようなスーツ姿で、やきとりをつまみに生ビールを飲んでいた。だれかを待っているようでもない。自然にその場に溶け込んでいる。両隣の男は、隣に女性が来たので、緊張している。一人は狭いのに無理をして女性との距離をとろうとしているし、もう一人の男は、自分の目の前にある七味を、彼女が取ろうと手を伸ばし、「すみません」と言ったの

立ち飲み屋チェーンのこの店は、80%が男の一人客で、たまに若い男女がいる。値段のわりに味はよいほうだと思う。

女性の社会進出はここにもきたかと、私は少し弾んだ気持ちになって、チューハイを注文した。

に対して、恐縮した様子でペコペコ頭を下げている。彼女はそんな男の様子など意に介さないで、2杯目の生ビールを注文した。

そういえば、男だけの空間だった立ち食いそば屋も牛丼屋も、最近は女性客が増えている。さすがに立ち飲み屋まではと思っていたが、ついにここまで進出してきた。女性がたくましくなっている。

ただ、「待てよ」と、チューハイを飲みながら考えた。あの女性も以前はもうちょっと高い店で飲んでいたのではないか。立ち食いそば屋などに女性が入るのも、安いからだ。要は不景気の結果ということか。「しかし」と、また考えた。生活費を切り詰めるだけだとしたら、スーパーなどで缶ビールとつまみを買って自宅で飲めばいい。以前は多分そうしていたろう。それが今は、立ち飲み屋に入り、男と同じように飲み食いを楽しむ。不景気だからといって、家にこもってばかりいられるかと、男の世界に進出してきている。やはりたくましくなってきたのだ。勝手にそんなふうに思い、なぜか弾んだ気持ちになり、チューハイのお代わりを頼んだ。

！紀行文は体験と感じたことを書く

紀行文は、旅を題材とし、旅する過程で体験したこと、思ったことなどを綴ります。気をつけなければならない点は、旅行ガイドブックではないということです。たとえば、「6月30日、栃木県の日光に行った。東武日光駅までは浅草から特急で約2時間。料金は2700円だった。日光の第一の見どころの日光東照宮を目指した。30分ほどで到着。拝観料は1300円。まず目に入るのが陽明門。パンフレットによると、この門の特徴と東照宮の歴史は～とのことだ」という文章はどうでしょうか。書店で売られている旅行ガイドブックや観光案内所のパンフレットなどの情報と内容に大差がなく、書き手がわざわざ書くまでもない、日光紀行となっています。

もちろん、紀行文も旅の記録ですから、いつ、どこへ、だれと、どのようにして行ったかという基本情報に触れることは必要です。読み手が「この旅程を自分も歩いてみたい」と感じたときに、その紀行文で、ある程度たどれるくらいの情報はあったほうがいい。その上で、自分なりの体験と感想をきちんと書くようにします。

文例 ② Before

日帰り日光散策

6月30日、栃木県の日光に行った。東武日光駅まで浅草から特急を利用。着く前に昼になるから駅弁を買って車内で食べようかとも思ったが、日光に着いてからおいしいものを探そうと我慢した。

午後1時前に日光駅に着いた。「ゆば」の看板を掲げた店があったので、ようやく昼食にした。店には猫がいて、居眠りしていた。ゆばは日光の名物だ。「ゆばラーメン」という珍しいメニューを注文してみた。店の人が日光のゆばの説明をしてくれた。ゆばはおいしかったが、ラーメンは昔からある観光地のしょうゆラーメンで、ふつうの味だ。

店を出て、東照宮の入口まで来たら、小雨が降ってきた。雨に濡れた周囲の木々は神秘的な雰囲気を醸し出し、都会とは違う感じだ。石鳥居をくぐり、陽明門に。豪華な門だ。下から装飾を眺め、門内に入って右に行くと、有名な眠り猫。思ったより小さかった。

Level up

紀行文には発見や自分なりの感動を添える

旅することが一般的でなかった時代なら、紀行文に書かれた情報そのものが貴重な資料となりましたが、今は、だれもが旅することができ、インターネットで各地の情報を手軽に得られる時代です。ガイドブックには書かれていない内容こそが、紀行文の魅力となります。行った先で何を見たか、その地域のどんな人と出会ったか、そこで何を発見したか、どう感じたかなどです。

お決まりのコースを巡る観光ツアーであってもかまいません。同行した人々の精力的な観光ぶりを題材にしたり、自由行動の際に感じたその観光地の魅力に、自分なりの見聞や感想などを加えたりすれば、おもしろい文章になるでしょう。

江戸時代の文章なので、読みにくいかもしれませんが、幕末の尊攘派の志士、清河八郎の『西遊草』(岩波文庫版　現代語訳は著者)の一文を紹介します。母を連れて半年間の大旅行をした際の旅日記です。文例が日光の話なので、清河が日光の華厳の滝を見たときの文章を見ましょう。

「是《これ》中禅寺湖より落来《おちく》る大谷川の源にして、滝のいづる巾《はば》六間三尺、下る事七拾五丈とぞ。天下無双の高大なる滝にて、（中略）上より半丁ばかり下りて、樹の根を登り、滝の底をよふやくのぞむ。鳥ならで下る事あたわずとぞ」（華厳の滝は、中禅寺湖から流れ落ち、大谷川の水源となっていて、幅は六間三尺、高さは七十五丈で、世に並ぶものがないほど大きな滝で、（中略）上から半丁ほど下って、樹の根を登って、やっと滝の底を見ることができる。鳥でなければそこまでは下りていけないとのことだ）と、まず滝の基本情報を伝えます。

続いて「我天下を歩み、奇絶を極むるに、凡此《およそこの》滝にすぐる雄快なる大滝もあるべからず。同行いづれも戦々慄々《せんせんりつりつ》として、さらに近よらず。唯相見合《みあわせ》てその奇妙なるを歎美《たんび》するのみなり」（これまで全国を歩いてきて、珍しい景色を見つくしたが、この滝ほど力強く、見ていて心

Before
石鳥居をくぐり、陽明門に。豪華な門だ。下から装飾を眺め、門内に入って右に行くと、有名な眠り猫。思ったより小さかった。

地よい大滝はない。同行している者たちはみんな恐れおののき、まったく近寄らないで、ただ顔を見合わせ、その珍しい光景に感じ入ってほめるだけである）と自分が感じたことを書き、加えて、同行の人たちの様子を描くことで、恐怖さえ感じる滝の雄大さを伝えています。

これを読んで、華厳の滝をぜひ見たいと思う人も多いのではないでしょうか。

文例では、「ゆばラーメン」や「雨に濡れた周囲の木々」についてはは感想が書かれていますが、陽明門や眠り猫については、「豪華」「小さい」程度です。どのようなところを豪華と感じたのか、「小さい」という大きさだけでなく、猫の表情など、ほかに観察したこと、感じることと、思うことを書いてみましょう。

Before
6月30日、栃木県の日光に行った。東武日光駅まで浅草から特急を利用。着く前に昼になるから駅弁を買って車内で食べようかとも思ったが、日光に着いてからおいしいものを探そうと我慢した。
午後1時前に日光駅に着いた。「ゆば」の看板を掲げた店があったので、ようやく昼食にした。

文例 ② After

日帰り日光散策

6月30日木曜日、思い立って栃木県の日光に行った。東武日光駅まで浅草から特急を利用した。電車は11時発なので、着く前に昼になるから駅弁を買って車内で食べようかとも思ったが、日光に着いてからおいしいものを探そうと我慢した。平日のためか、空席が目立つ。車両は比較的新しいもので、快適だった。冷房が心地よく、少し居眠りをした。

特急は鬼怒川行きなので、下今市で各駅停車に乗り換えて、日光駅に着いたのが午後1時前だった。駅前の土産物店で、中国人観光客らしい家族が土産を物色していた。

駅の正面を左右に走る道を右に行けば東照宮に至る。道は比較的広く、両側に土産物店や食堂が並んでいた。しばらく歩くと、「ゆば」の看板を掲げた店があった。「徳川食堂」。ゆばは日光の名物だ。食べな店には猫がいて、居眠りしていた。ゆばは日光の名物だ。「ゆばラーメン」という珍しいメニューを注文してみた。店の人が日光のゆばの説明をしてくれた。ゆばはおいしかったが、ラーメンは昔からある観光地のしょうゆラーメンで、ふつうの味だ。

いわけにはいかない。10席くらいの店の1席を太り気味の三毛猫が占領し、居眠りしていた。客はいなかった。食べたことのない「ゆばラーメン」を注文。50歳くらいの店の女性が、ラーメンができる間、ゆばの説明をしてくれた。日光は「湯波」、京都は「湯葉」と書き、日光は豆乳の膜を二重にして引き上げ、京都は一重で引き上げるのだということ。

ラーメンが来た。ようやく昼食。二重のものをさらにグルグル巻いた大きなゆばがしょうゆラーメンの上に二つのっている。京都のゆばは上品で繊細、物足りなさを感じたが、こちらは、「ゆばだ、食え」といった感じで、食べごたえがあった。武家の棟梁、徳川家康を祀る日光と、公家の世界の京都との違いを感じた。

ゆばはおいしかった。ただ、ラーメンは昔からある観光地のしょうゆラーメンで、ふつうの味。猫はずっと居眠り。そういえば、これから行く東照宮には眠り猫がいる。どんなものなのか、楽しみだ。東照宮へ急ごう。

石鳥居をくぐり、陽明門に。豪華な門だ。下から装飾を眺め、門内に入って右に行くと、有名な眠り猫。思ったより小さかった。

店を出て15分ほど。東照宮の入口まで来たら、小雨が降ってきた。雨に濡れた周囲の木々は森閑として神秘的な雰囲気を醸し出し、都会とは違う感じで、道をそれてうっかり足を踏み入れると、異界に連れていかれそうだ。

黒田長政が奉納した大きな石鳥居をくぐり、陽明門に。獅子や龍、仙人などの彫刻で飾られていて、その数に驚いた。508体あるそうで、「日暮門」と言われている。確かに一つひとつ見ていたら日が暮れてしまうし、首が疲れる。全体として見上げる人を威圧する。下からそれらを眺め、門内に入って右に行くと、左甚五郎の眠り猫と対面できる。思ったより小さかった。芸術的なことはわからない。精悍な感じの猫だった。顔を少し上げ気味で寝ていて、物音がしたらすぐに逃げようとしているようにも見える。寝顔は、警戒心ゼロで熟睡していたラーメン屋の猫のほうがはるかにかわいかった。

❗ 論説文は考えと根拠を明確にする

論説文は、あることを説明したり、自分の考え、主張を伝えたりする文章です。ですから、まず説明する題材、自分なりの考え、主張がなければ論説文は書けませんが、それだけでは足りません。単に「私はこう考える」だけでは、論説文にならないのです。自分の考え、主張を読み手に理解してもらう内容と根拠が必要です。

その文章を読んで「君の考えはわかった。同感だ」と言う人もいるでしょうし、「君の考えはわかった。でも、反対だ」と言う人もいるでしょう。賛成してもらうにしても、反対されるにしても、「君の考えはわかった」と思ってもらうことがまず大切です。そのために根拠をきちんと示さなければ、論説文にはなりません。

また、考え、主張に独自性や客観性があり、論に矛盾がないことも重要です。

新聞の社説も論説文です。参考に、２０１６年9月25日付毎日新聞朝刊の社説で書き方を見てみましょう。

題は「日本語と絵文字　伝わる文章力も磨こう」。まず、「電子メールが重要なコミュニケーションの手段になって久しい。笑顔や泣き顔といった絵文字などの感情表現を、多くの人が気持ちを分かりやすく伝えるために使用している」と前置きし、文化庁の2015年度「国語に関する世論調査」のデータを紹介していきます。絵文字を見たことがある人の割合、使う人の割合を示し、絵文字を使う理由の中で上位を占めるものを紹介します。

そして、「日本大の田中ゆかり教授（日本語学）は、絵文字など記号類の多用について、欠落するニュアンスを補うだけでなく相手への配慮や自己演出の表現になっているとみる」と専門家の意見を入れる。ここまでは現状の説明です。

次に社説の書き手の考えが書かれます。

「しかし、絵文字は万能ではない」とし、「例えば笑う表現をとっても、日本語にはいくつもの単語がある。言葉の感覚を研ぎ澄まし、区別して使える単語を増やさなければ、ぴったりの言い回しはできない。微妙な感情のひだを一つの絵文字で表すことはやはりできないだろう。さらに、自分の考えや感情を正確に伝える日本語の力を養うことは思考力を深めることにもつながるはずだ。絵文字ばかりに頼っていては、そうした言葉の力は養えない」と絵文字の問題点を指摘します。

では、日本人は日本語を粗末にあつかうようになっているのか。社説の書き手は、同調査の「日本語を大切にしていると8割弱が回答した」という結果を示し、ならば、「新しい文化を大事にしつつ、日本語の表現力を高めることも心がけたい」と結びます。

この社説の書き手は、「新しい文化を大事にしつつ」と絵文字を認めながらも、絵文字の不備を指摘し、「日本語の表現力を高めることが大切だ」と主張しています。絵文字という題材を提示し、それについての客観的なデータ、専門家の意見、問題点を紹介して、最後に自分の意見を示すという手順となっています。

文例③ Before

洋画のカタカナ題名、わかりますか

最近の洋画は題名を見てもどのような映画なのかわからない。原題をそのままカタカナにしているだけなのだ。意味がわからなければ見に来るなと言われているようで腹が立つ。観客を馬鹿にしている。それとも、配給会社の担当者が題名を日本語に訳す能力がないのだろうか。あるいは、面倒がっているのだろうか。原題をそのままカタカナにしたほうが、内容をきちんと伝えられるものもあるだろうが、それ以外はぜひとも日本語の題名にしてほしい。それくらいの努力はしてほしいのだ。

広告などを見て、ようやく内容がわかり、おもしろそうだと見に行き、内容は記憶に残っても、題名は、もともとよくわからないので、忘れてしまう。こちらの頭の問題もあるだろうが、日本語の題名のものはよく覚えているのに、カタカナの題名は記憶に残りにくい。最近上映された『マグニフィセント・セブン』もそうだ。どういう映画かよくわからない。それで広告を見ると、昔の『荒野の七人』のリメイクだとわかった。『荒野の七人』はおもしろかった。広告を見なかったら、うっかり見逃すところだった。見られたのはいいが、『マグニフィセント・セブン』では舌をかんでしまいそうだし、題名をいつまで覚えていられるか不安だ。

Before

最近の洋画は題名を見てもどのような映画なのかわからない。

←

カタカナの題名は記憶に残りにくい。

←

『マグニフィセント・セブン』もそうだ。

←

題名をいつまで覚えていられるか不安だ

Level up

論説文は素材を揃えて、読みやすく展開する

この文例は、単に自分の主張を叫んでいる文になっています。言いたいことはわかりますが、読み手に納得してもらうには、書き方の工夫が必要です。主張のための具体的な材料をもう少し揃え、話の展開も考えて、書くようにします。

原題をカタカナにしただけの題名が多いという傾向について、『マグニフィセント・セブン』以外の例もあげ、内容が伝わりにくいということ、日本語に訳すと内容がよくわかることを例証します。それから、原題をカタカナにした題名によい点があれば、それについても触れ、最後にまとめとして自分の考えを述べるという展開にする。そうすれば、論説文の形になり、単に主張したいことを叫んでいる文章とは異なったものになります。

これを序論、本論、結論という構成で書いていきます。もちろん序

論、本論、結論という構成はあくまで基本の書き方で、論説文において必ずそうしなければならないということではありません。構成に慣れた人なら、最初に結論を述べて書き出しの印象を強くし、本論で論拠を示し、結論で改めて主張を整理するという構成でも効果的でしょうし、それ以上に効果的で説得力のある書き方ができるという人もいるでしょう。

ただ論説文では、読み手にとって読みやく、「君の主張はわかった」と納得してもらえることが重要です。おもしろみがあるか、構成に独自性があるかは別として、いちばん読みやすいのは序論→本論→結論の順であることは確かです。

文例③ After

洋画のカタカナ題名、わかりますか

先日、『マグニフィセント・セブン』という映画を見てきた。昔ヒットした『荒野の七人』のリメイクだ。『荒野の七人』は大好きな映画なので、リメイクと聞き、見逃すわけにはいかなかった。ただ、ひょっとしたら知らずに劇場公開が終わっていたかもしれない。というのも、よく見る新聞の劇場の公開スケジュールには『マグニフィセント・セブン』しか書いていないからだ。これでは何の映画かわからない。『荒野の七人』だったら、すぐわかった。最近、このように洋画の原題をそのままカタカナにすることが多くなっている。なんとなく味気ない感じがするのは私だけだろうか。

懐古趣味と思われるかもしれないが、昔の洋画の邦題はよかった。『荒野の七人』なら『七人の侍』の西部劇版とわかるし、『ひまわり』は映画のシーンと邦題が一体化している。『追憶』は邦題を自分の人生と重ねてみることもできる。『荒鷲の要塞』とくれば、戦争映画だとすぐわかる。そして、これらの邦題は、内容とともに頭にとどまる。ところが、『マグニフィセント・セブン』では頭に残らない。なじみのないカタカナだからだと思う。ほかにも例をあげれば、ウィル・スミス主演の『コンカッション』もこれだけでは内容がわからない。辞書で調べると、「脳震盪《のうしんとう》」とのことだ。これでもよくわからないから、何かいいタイトルをつけてくれればありがたかった。

原題をそのままカタカナにしても記憶に残る、要は内容だという意見もあるだろう。もちろんそれも一理ある。そういう映画も多くある。『スター・ウォーズ』などはその好例だ。しかし、それでも、最近の安易としか思えない題名には不満を感じる。

配給会社が原題を日本語にする能力がないとは思えない。面倒がっているのだろうか。原題をそのままカタカナにしたほうが、内容をきちんと伝えられるものもあるだろうが、それ以外は、ぜひとも日本語の題名にしてほしい。それくらいの工夫はしてほしいのだ。

❗ 自伝は時の流れに沿って書く

いろいろな出版社が自費出版を手がけるようになっています。また、パソコンで原稿データをつくり、必要なときに必要な部数だけ印刷する「オンデマンド印刷」の普及で、少部数の冊子が手軽につくれるようになりました。そのため自伝、自分史を書く人も増えているようです。自分の足跡を書き残しておきたい、親しい人に読んでもらいたい、できれば販売して多くの人に読んでもらいたいと、動機はいろいろです。

自分のことを書く場合、内容に時間の幅があるものとなります。その際、気をつけなければならないのは、過去と現在が入り乱れて、読者を混乱させないようにすることです。それを避けるためには、時の流れに沿って書く。これが基本です。もちろん、時間をさかのぼり、現在に戻り、再び過去にという書き方をしなければならないこともありますが、時の流れに沿って書けば、書きやすいし、読みやすいものです。

できれば書き始める前に年表を作成し、各年に自分のこと、家族のこと、友人知人のこと、その時に起きた事件などを書いておくといいでしょう。年表は、自分が生まれた年からか、必要なら父母が生まれた年の前後から始め、今日までのものをつくります。それとにらめっこしていると、「そうか、末の妹が生まれたとき、東京に○○ができたのか。そういえば、その妹が3歳になったとき、家族でそこに行って、祖父が、思い出にと、ぼくに○○を買ってくれた」というように、いろいろなことが思い出されるでしょう。そうすることで、自伝の内容がより豊かになります。

また、時代背景も必要です。書き手にまつわる事実を記述すれば、最低限、自伝として成り立ちますが、それだけでは長い日記のようなものになってしまいます。書き手はその時々の時代、社会の中で、その影響を受けて生きてきています。その時代のすべての出来事を書く必要はありませんが、少なくとも、書き手の生活、心の形成などに関係したと考えられる出来事や世相は調べて書き加えるようにします。そのときにも年表は役立ちます。

文例 4 Before

わが社の歩みと私の半生

武藤仙蔵がバラックのわが家を訪れたのは昭和20年11月18日だった。一緒に事業をと、父に言うのである。

これがきっかけで現在のわが社が誕生した。父と武藤は共同経営者として電気機器会社を発展させ、私が三代目の社長として今日に至っている。平成25年の売上高は５００億円。それなりに頑張ってきた。

私が生まれたのは昭和19年12月。父と母は東京に住んでいて、敗戦時は空襲で焼け出され、生まれたばかりの私と三人でかろうじて生きていた。

その生活を武藤が変えてくれたと言っていい。

父が武藤とこの会社を設立してから今日までの足跡をからめて、私のこれまでの人生を語ろう。

Before
武藤仙蔵がバラックのわが家を訪れたのは昭和20年11月18日だった。
↓
これがきっかけで現在のわが社が誕生した。
↓
平成25年の売上高は、500億円。
↓
私が生まれたのは昭和19年12月。

Level up

自伝は関係者の話や文献で内容を深める

文例では、昭和20年11月18日のことから始まり、現在の話になり、それから敗戦時に戻っています。文例のように短いものなら読む人もそれほど混乱しませんが、長い文章で時間の行き来を何度も行うと、読み手は混乱します。そのようなことのないように、特別な意図がない場合は、時間の行き来は最小限にします。

また、父と母の名前や年齢、自分がどこで生まれたかが書かれていません。自分にとって自明なことは、うっかり書き忘れることがあるので、気をつけます。

武藤という人物が出てきますが、書き手、あるいはその父母とどういう関係の人なのかも書かれていません。ですから、どうしてほかの人ではなく、父を事業に誘ったのかが読み手にはわからない。突然、何の説明もなくある人物が登場すると、読み手は「なぜこの人は著者とこんなに仲良しなんだろう」というように疑問を持ったままになります。長い人生を描くのですから、いろいろな人が登場してくるでしょう。その都度、自分とどういう関係だったのかを一言書いておく。必要なら詳しく書いておくことです。

私が三代目とは書いてあり、父と武藤が、それぞれ一代目と二代目のどちらかを務めたのは想像できますが、これも正確にわからない。戦時中のことを知っている人は、もう一つ疑問を持ちます。若い人は戦場に送り出されていたのに、父はどうして兵隊にならずにいられたのかと。その説明もする必要があります。さらに、この家族が空襲で焼け出されたのはいつなのかも書いてありません。これもきちんと書いておきましょう。

自分のことであっても、昔の話になると、記憶が曖昧になっていることも多いはずです。日記でもつけていれば別ですが、10歳のとき、家族で何々神社に行った記憶はあるのだが、なぜ行ったのかは思い出せないというように、昔のことは覚えていないものです。その際は、家族や友人などに聞くなどして調べてみましょう。

　また、単に事実を書いていくだけでなく、自伝ではその時々の思いも綴りましょう。「私が5歳のとき、母は故郷を離れて、東京に出てきた。列車の中で母は涙を流していた」とだけ書いたら、ただ事実を記しているだけですが、そこに「今思うと、後妻で父の親戚に疎まれていた母は、父の死後、あの土地にはいられなくなり、何のあてもなく、私を連れて上京したのだ。あのときの母は、夫を失った悲しみと、これからの生活に対する不安でいっぱいだったのだろう。その後の母の苦労を思うと、感謝の気持ちがいや増す」というように、そのとき、あるいは今、自分が何を思い、何を感じたのかも書き加えると、読む人の心に残ります。

Before
私が生まれたのは昭和19年12月。父と母は東京に住んでいて、敗戦時は空襲で焼け出され、生まれたばかりの私と三人でかろうじて生きていた。

文例 4 After

わが社の歩みと私の半生

私が東京の墨田区に生まれたのは昭和19年12月7日、父泰三は29歳、母イクは20歳だった。昭和16年12月8日に太平洋戦争が始まり、墨田区の小さな電気店に勤めていた父は、翌年、中国大陸に出征。18年に銃弾を足に受け、杖がなければ歩けない体となって戻ってきていた。戦友のほとんどが戦死したと父は後に語っていた。

私たち一家は、約10万人の死者を出した、昭和20年3月10日の東京大空襲で焼け出されたが、逃げ延びることができた。父が勤めていた電気店は焼けて、主人も亡くなった。このときの様子を父母から直接聞くことはなかった。二人とも自ら語ろうとしなかったし、私も前だけ見て走って来たので、聞きそびれた。残念でならない。言葉では表せないほどつらい思いをしたのだろう。

同年8月15日、終戦を迎えた。私たちは多くの日本人と同様、貧し

武藤仙蔵がバラックのわが家を訪れたのは昭和20年11月18日だった。一緒に事業をと、父に言うのである。

これがきっかけで現在のわが社が誕生した。父と武藤は共同経営者として電気機器会社を発展させ、私が三代目の社長として今日に至っている。平成25年の売上高は５００億円。それなりに頑張ってきた。

い生活を続けていたが、それを変えてくれたのが武藤仙蔵だ。武藤がバラックのわが家を訪れたのは戦争が終わって3か月後の11月18日だった。父と同じ電気店に勤めていて、親しい関係だった。父とは同い年で、同時期に南方に出征、10月に日本に戻ってきた。その彼が「一緒に電気機器の製造販売の事業を」と父に言うのである。父は足のことがあり、ためらったが、武藤は「自分が足になって動く。君は知識を生かせ」と言ったという。父は高等小学校卒（現在の中学レベル）だが、電気店に入ってから、電気のことを独学。知識は豊富だった。

　これがきっかけで、昭和21年3月、現在のわが社が誕生した。社員は父と武藤だけのスタート。初代社長には武藤が就き、二代目が父、私が三代目の社長となって今日に至っている。平成25年の売上高は５００億円。二人の有形無形の遺産を受け継いだ私は、それなりに頑張ってきた。武藤の誘いがあったからこそ、今日のわが社、そして私があるのであり、感謝に絶えない。父と武藤が設立してから、今日までのわが社の足跡を、私の人生とからめて、語っていこう。

第2章

文章の基本をつかむ

2章のポイント

5W1Hをきちんと書く
正しい表記を心がける
むずかしい表現を使わない
題名や見出しを工夫する
構成をしっかり考える

人に伝わる文章を書く際、最低限心がけなければならない基本があります。この基本ができていない文章、たとえば、書き手の言いたい内容があいまいな文章、誤字や文法の間違いが多い文章、話が脱線した文章などは、読み手に苦痛を与えることになり、読み手は途中で読むのをやめるでしょう。そのようなことにならないように、ここでは書き方の基本を取り上げます。

❗ 短い文章は書きたいことを絞る

題材が一つなのに、その題材に関して、言いたいことがいくつかあって、「それをここでまとめて言ってしまえ」という文章があります。あれも言いたい、これも書きたいで、短い文章にいくつもの話題、主張を入れてしまうと、まとまりがなくなり、文章の狙いが読み手に伝わりません。

「近所の建物」という題材で、身近な建築物を紹介するとしましょう。「美術館の建物は近代的で好き」「川沿いの旅館の建物はレトロでいい」「市役所の建物は昔から見ていてなじみがある」と、思いつくままに並べるとどうでしょう。題材が「近所の建物」であったとしても、読み手に散漫な印象を与え、書き手が近所の建物の何に魅力を感じているのか伝わりにくくなります。

この場合、「近所の近代的な建物の魅力」あるいは「近所の歴史を感じる建物」といった形で話を一つに絞っていきます。特に原稿の分量が少ない場合には、言いたいことを絞ることで、書き手の考えや思いが伝わりやすくなります。

文例 ⑤ Before

交通ルールを守らない人が急増

　昨日のことである。信号が青になったので横断歩道を渡ろうとしたら、横から自転車が飛び出してきて、猛スピードで私の前を走り去った。信号無視だ。危険極まりない。最近はこういうことが頻繁に起こる。交通ルールを守らない人が増えているわけで、実に腹立たしい。昔はこのようなことはなかったと思う。今は自転車に乗った若者が交番の前の交差点で信号無視をしても、警察官が何も言わない光景をよく見る。警察の怠慢だと思う。

　自転車で暴走する人や怠け者の警察官も悪いが、政治もよくない。もめごとばかりで、政策の議論が後回しである。いったい日本の政治はどうなっているのか。何より政治家の質が低下している。日本は今後どうなってしまうのだろうか。

Before
信号無視だ。
危険極まりない。
実に腹立たしい。
警察の怠慢だと思う。
政治もよくない。
日本は今後どうなってしまうのだろうか。

Level up

あれもこれもと素材を盛り込みすぎない

この文例は、交通ルールを守らない人の問題から警察の問題、政治家の問題にまで話が及び、複数の主張、というか不満が盛り込まれています。世の中に腹を立てているのはわかるのですが、この人が直接腹を立てているのは自転車に乗る人の道徳心と取り締まりの怠慢のようです。それをほかの問題にまで飛躍させています。政治問題などをからめて交通ルールについて論じてもかまわないのですが、この文章では、どのように関係しているのか説明されていません。いろいろと言いたいことがあり、それを思いつくままに盛り込んでいるため、「いったい何がいちばん言いたいのか」と読み手は思ってしまいます。

ですから、まず「この文章はこれについて書く」と決める。そして、書いている最中にほかのことが頭に浮かんでも、広げないようにします。

また、ただ主張しているだけでは説得力がないので、根拠、理由も書きます。

「茶碗は有田焼がいちばんだと友人は言うが、私は益子焼が最高だと思う」と主張する場合、どうしてそう考えるのか、読み手が理解できるように書きます。そのためには、論説文のように、それなりの論理的な展開が必要になる場合がありますし、理解してもらうための材料（根拠となる事例や文献など）が必要になることもあります。

交通ルールを守らない人が急増

昨日のことだ。青信号で横断歩道を渡ろうとしたら、横から自転車が飛び出してきて、猛スピードで私の前を走り去った。信号無視だ。

最近はこういうことが頻繁に起こる。自転車に乗る人のなかに交通ルールを守らない人が増えているわけで、実に腹立たしい。昔はこのようなことはなかったと思う。また、自転車に乗った人が交番の前の交差点で信号無視をしても、警察官が何も言わない光景をよく見る。そのため、自転車に乗る人はこれくらいならいいのかと思ってしまう。取り締まる側にも問題があると言えるが、自転車に乗る人の道徳心が低下していることがいちばんの問題ではないか。

自動車が凶器となるのと同様に自転車も凶器になる。自動車の場合、運転者が交通ルールを守ることで安全がある程度保たれているが、それでも毎日事故が起きている。自転車にも交通ルールがある。

みんながそれを守れば安全が保たれるはずだが、自転車を乗る人は自動車の運転者ほど交通ルールを守らない。歩道では歩行者優先なのに、歩行者を邪魔者扱いし、歩行者の間を猛スピードで走る。横断歩道での信号無視は日常茶飯事だ。自転車は降りなければならない商店街などにも平気で入ってくる。自転車は歩行者と同じようなものだから大丈夫という気持ちがどこかにあるのではないか。

もしそうならば、とんでもない話である。「女子高生の自転車が高齢者と接触して高齢者が死亡」というニュースを見たことがあるし、小学生が女性をはね、女性は意識不明の状態になり、裁判で小学生の母親に1億円近い賠償金を支払えという判決が出た事例もある。相手の人生も自分の人生もだめにしてしまうのだ。

もちろん、警察の取り締まり、自転車専用通行帯の整備なども大切だが、何よりも、自転車に乗る人の道徳心の向上が望まれる。自転車事故でも人は死ぬということを十分に認識し、歩行者優先の気持ちで、交通ルールを守って自転車に乗ってもらいたいものだ。

❗ 5W1Hを踏まえて文章を書く

5W1Hとは、いつ（When）、どこで（Where）、だれが（Who）、何を（What）、なぜ（Why）、どのように（How）のことです。新聞や雑誌に記事を書くときはもちろん、随筆などを書く際も、これをおさえることが基本です。

「2014年にノーベル平和賞を受賞したインドの社会運動家カイラシュ・サティアルティ氏（63）の自宅が空き巣の被害に遭い、ノーベル賞の賞状とメダルのレプリカなどが盗まれた。サティアルティ氏の財団が7日、発表した。地元メディアなどによると、関係者が同日朝、首都ニューデリーの自宅を訪れた際、門が壊された上、室内に物色された形跡があるのを発見した。宝石類や電化製品も盗まれたが、メダルの実物はインド国内の博物館に展示されているため、無事だった。サティアルティ氏は国外に滞在中だったという」

これは、読売新聞の「YOMIURI ONLINE」の2017年2月8日配信の記事です。「いつ」（7日）、「どこで」（サティアルティ氏の自宅）、「だれが」（サティアルティ氏）、

「何を」（ノーベル賞の賞状とメダルのレプリカなど）、「なぜ」（空き巣の被害に遭い）、「どのように」（盗まれた）が押さえられています。新聞の場合、特に速報などは5W1Hだけで構成されていると言ってもいいでしょう。これらの要素をきちんと書くことによって、読み手もその様子を具体的に把握できるのです。ただし、新聞記事がすべての文章の手本というわけではありません。新聞は事実をただ伝えることを基本としています（社説は別ですが）。社会学者の清水幾太郎は『私の文章作法』で、「新聞の文体だけは真似しない方がよいと思います」と言い、次のように続けます。

「記者諸君は、主観の入らぬ文章、どこからも苦情の出ないような文章を書く訓練を積んでいるからです」

もちろん、記事の選択の際に新聞社や記者の主観が入りますが、記事自体は事実の伝達、5W1Hに徹しています。一方、文章を書こうとする大半の人は、自分の感想や考えなどを読み手に伝えようとします。新聞記事と目的が違うわけですから、文章も違います。その意味で、まねをしないほうがいい。ただ、感想や考えなどを伝える場合でも、読み手に理解してもらうために、よりよく伝えるために、5W1Hがあったほうがいい場合が多々あります。

文例 ⑥ Before

出張先で受けた親切

仕事で東北に行ったとき、天気が悪くなって道に迷ってしまった。日も暮れて、あたりはまっくらだ。駅は無人駅で、駅前には案内板もなく、タクシーもない。困ったことにスマートフォンの電池も切れて、今晩泊まるホテルへ連絡もできない。

駅の近くに民家があったので、道を尋ねた。そうしたら、その家の人がわざわざホテルまで送ってくれた。私が何度もお礼を言うと、その人は「寒いので風邪をひかないように」と笑顔で言ってくれた。その一言に、ほろりとした。この地域は人情味があって親切なところだと聞いていたが、本当であった。

Level up

「いつ」「どこで」で読み手のイメージが湧く

この文例では、場所について東北に行ったと書いてあるだけで、いつ、東北のどこに行ったかが書かれていません。たとえば、「2月に山形で」と具体的に書けば、読み手は「冬の山形で道に迷ったなら、寒くて不安で大変だったろうな」などと、書き手の大変さが想像できます。また、「どのように」も十分ではありません。「ホテルまで送ってくれた」とあります。しかし、ホテルまでどのくらいの距離があったのか、徒歩なのか、車なのか、詳細がわからない。

このように、5W1Hのどれかが抜けていたり、不十分だったりすると、曖昧さが残る文章となってしまいます。

もっとも、5W1Hのどれかがなくてもいい場合がありますし、どれかをあえて省き、読む人の想像力を喚起したり、あるいは読む人に判断を任せたりする書き方もあります。

Before

仕事で東北に行ったとき、天気が悪くなって道に迷ってしまった。

そうしたら、その家の人がわざわざホテルまで送ってくれた。

文例 6 After

出張先で受けた親切

2月に仕事で山形県のA温泉に行ったとき、急に天気が悪くなって道に迷ってしまった。日も暮れて、あたりはまっくらだ。なんとかB駅にたどり着いたが、無人駅で人はいない。駅前には案内板もなく、タクシーもない。困ったことにスマートフォンの電池も切れて、今晩泊まるホテルへ連絡もできない。時計を見ると、8時を過ぎていた。

駅の近くに民家があったので、道を尋ねた。そうしたら、その家のご主人らしい40歳くらいの男性が、車庫から車を出し、わざわざホテルまで送ってくれた。15分くらいで着いた。私が車から出て何度もお礼を言うと、その人は「寒いので風邪をひかないように」と笑顔で言ってくれた。その一言に、空腹と寒さでまいっていた私はほろりとした。この地域は人情味があって親切なところだと聞いていたが、本当であった。おかげで1日のいいしめくくりになった。

❗ 誤字に気をつけ、表記を整える

だれでもいつも完璧とはいかないので、誤字を見逃すことがあります。「鳴く」と「泣く」、「以外」と「意外」、「清算」と「精算」など間違いやすい言葉には注意しましょう。

パソコンでの文章作成では、カナで、あるいはローマ字で入力すると自動変換されるため、間違えやすくなりますので、気をつけます。なんとなく読めてしまうので、「精算」とするところを「清算」として、気づかずに書き進めてしまうのです。「例えば」「たとえば」、「時」「とき」のようにどちらでも間違いではない場合は、どちらを使うか、自分で決めておくようにすると、文章が統一性のあるものになります。

表記に迷った場合は、国語辞典や用字用語辞典などを参考にします。そして、自分は基本的にこれに従うと決めれば、用字用語の不統一は避けられます。雑誌や新聞の表記を見ると、各社、各編集部で表記の仕方が決められていることに気づくと思います。新聞社では用語集や用語の手引きのようなものを出していて、たとえば、「のぼる」を「上る」にするか「昇る」にするか「登る」にするか迷った場合、参考になります。記者も基本的にはそれに従っています。出版社でも社内や編集部、あるいは雑誌ごとに表記が統一されています。

また、誤字や表記の不統一を避けるため、原稿ができたら、必ず一度は印刷して読み返しましょう。パソコンのディスプレイで読み返しても、誤字に気づかないことがあるからです。画面を見る脳と印刷されたものを読む脳とは違っていて、印刷することで誤字が発見しやすくなるといった脳の研究もあるようですが、それよりも、実感として、紙のほうが、間違いに気づきやすいという人は多いのではないでしょうか。もちろん、印刷して読み返すとき、誤字などがないか意識して読み返さなければなりません。

誤字が多い文章は、読み手の信頼を失います。表記の不統一も、雑な文章という印象を与えます。日頃から表記を統一する、誤字脱字をなくす習慣をつけるのが書き手の基本姿勢です。

文例 ⑦ Before

盛会だった創立記念パーティ

四月一日、創立20周年を向え、お世話になった方たちに来てもらい、盛大にAホテルで記念パーティを開きました。来賓で埋め尽くされた中、代表取締役社長の小野崎勝次が壇に上がり、これまでのご愛顧に感謝するとの挨拶をのべ、続いて来賓の大世界株式会社代表取締役会長の早川秀吉氏がお祝いの言葉を述べ、大いに飲んだり、歓談し、盛り上がりました。昨年亡くなった会社を上場させた社長の兄の小野崎勝一前社長も天国でお喜びでしょう。

Before
四月一日、創立20周年を向え、
これまでのご愛顧に感謝するとの挨拶をのべ、
早川秀吉氏がお祝いの言葉を述べ、

Level up

数字表記の不統一、敬語、文法の間違いにも気をつける

文例では「向え」となっていますが、「迎え」が正しい。表記の不統一という点では、「述べ」と「のべ」の両方が使われています。また、数字も漢数字（四、一）と算用数字（20）が混在しています。もっとも、すべてをどちらかにしなければならないというわけではなく、たとえば、年号、年齢は漢数字に、距離や重さなど単位がつくものは算用数字にと決めて、それらが統一されていれば、問題ありません。

誤字、表記の不統一のほかに、敬語やその他の文法の問題にもここで触れておきます。

敬語はむずかしく、間違いやすいので注意が必要です。文例では来賓に対して「来てもらい」と敬語が使われていません。「お出でいただき」「お越しいただき」などとします。「早川秀吉氏がお祝いの言葉を述べ」も、本来は敬語で記すところです。「お祝いの言葉を述べられ」

などとします。

文例には主語述語関係の混乱も見られます。「早川秀吉氏がお祝いの言葉を述べ、大いに飲んだり、歓談し、盛り上がりました」は、文意から判断して、会が盛り上がったということなのですが、この文では早川氏が盛り上がったようにとれます。「飲んだり、歓談し、盛り上がりました」の主語がないからです。

日本語の場合、主語は省略しても意味が通じることが多いので、どの文にも必ず主語を入れなければならないということはありません。一文に無理に主語を入れることで、主語があちこちに登場し、パズルのようにその述語を探さなければならない文になってしまうことがありますし、主語に対する述語が書かれていない文になっていることもあります。特に一文が長すぎると、主語述語関係が破綻することがあります。

たとえば、「劇作家の柳屋氏は、A演劇祭で彼の作品『笑い』が上演され、その後『怒り』がB賞となった」という文。この文の主語述語関係を見てみます。「『笑い』が上演され」「『怒り』が（B賞と）なった」という関係はわかります。ところが、いくら読んでも「柳屋氏は」という主語に対する述語がありません。

柳屋氏に関して書こうとし、『笑い』がA演劇祭で上演されたこと、後に彼が『怒り』でB賞を取ったことを一文に盛り込もうとして、混乱してしまっている例です。「A演劇祭で劇作家の柳屋氏の作品『笑い』が上演された。彼は後に『怒り』でB賞を取っている」と文を分ければ混乱は避けられます。主語と述語の関係をすっきりさせるには、一文をなるべく短くすることです。

また、いくつかの動詞などを並べるときに使う並立の助詞の使い方も、間違いやすいので注意が必要です。「何々したり」とあったら、次も「何々したり」とすべきです。文例では「飲んだり、歓談し」とあり、これは「飲んだり、歓談したり」としなければなりません。

最後の一文、「昨年亡くなった会社を上場させた社長の兄で小野崎勝一前社長も天国でお喜びでしょう」も意味が曖昧で、訂正が必要です。昨年亡くなったのは、社長ではなく、前社長だということは、社長が当日挨拶しているのですからわかりますが、「上場させた」のは、社長なのか、前社長なのか、明確ではありません。

この文で問題なのは、まず読点がないことです。それで意味が曖昧になっている。読点をきちんと使うことで、曖昧さによる誤解を避けることができます。「彼は泥だらけになって吠える犬をつかまえた」という文があったとします。この文では、「泥だらけになった」のが彼なのか犬なのか判断できません。彼なら「彼は泥だらけになって、吠える犬をつかまえた」とし、犬なら「彼は、泥だらけになって吠える犬をつかまえた」とする。読点一つで意味がはっきりします。

文例の場合、「昨年亡くなった、会社を上場させた、社長の兄の小野崎勝一前社長も、天国でお喜びでしょう」とすれば、文としてはこなれていませんが、曖昧さは解消されます。

読点がまったくなくても意味がわかる長い一文もありますが、読みやすくするために読点を使うことは大切です。反対に読点ばかりで、読んでわずらわしい文もあります。自分が書いた文を、読点があるところで止めながら、声に出して読んでみましょう。ここには読点はいらない、ここにはあったほうが読みやすいということに気づきます。

この「昨年亡くなった会社を上場させた社長の兄の小野崎勝一前社長も天国でお喜びでしょう」のもう一つの問題点は、修飾語の位置です。

修飾語とは、ある言葉にかかり、その言葉をより詳しく説明する文節のことです。一文節の場合は修飾語と言い、二文節以上の場合は、修飾部と言います。「四角い顔」という場合は、「四角い」が修飾語で、「顔」が修飾されるもので被修飾語です。「赤く腫れた顔」と言えば、「赤く腫れた」が「顔」にかかる修飾部で、「赤く」は「腫れた」にかかる修飾語です。この修飾語、あるいは修飾部はできる限り、被修飾語のすぐ上に持ってくるようにします。

「彼女はさみしそうにこちらを見つめる猫を抱き上げた」という文を見てみましょう。「さみしそうに」しているのは猫のような感じもしますが、書き手は「彼女」のつもりだったということもあります。その場合、「さみしそうに」を「抱き上げた」という彼女の行為の上に持ってくれば誤解はありませんし、「猫」の場合は、「こちらをさみしそうに見つめる猫」とすればいいのです。

文例の場合、会社を上場させたのが前社長なら、「会社を上場させた小野崎勝一前社長」とすれば、すっきりします。

また、文例では「盛大にAホテルで記念パーティを開きました」の「盛大に」という修飾語は「開きました」にかかっているにもかかわらず、離れて書かれています。この文を書く際、「盛大に」が最初に頭に浮かび、それをそのまま書いてしまったのでしょう。修飾語は被修飾語のすぐ上に持ってくる習慣をつけましょう。

文例 ⑦ After

盛会だった創立記念パーティ

4月1日、創立20周年を迎え、お世話になった方たちをお招きし、Aホテルで記念パーティを盛大に開きました。来賓で埋め尽くされた中、代表取締役社長の小野崎勝次が壇に上がり、これまでのご愛顧に感謝するとの挨拶を述べました。続いて来賓の大世界株式会社代表取締役会長の早川秀吉氏からご祝辞をいただきました。その後の宴席では、社員が来賓の方たちとともに飲んだり、歓談したりし、会は大いに盛り上がりました。昨年亡くなった、社長の兄で、会社を上場させた小野崎勝一前社長も天国でお喜びでしょう。

❗ むずかしい言葉や表現を使わない

むずかしい言葉を覚えると、使いたくなるものです。ブログなどを見ても、この言葉は書き手が気に入っているのだなとわかるほど何度も使っていたり、無理に使っているためか、間違った使い方をしていたりするのを目にすることがあります。

むずかしい言葉を使った文章と、よい文章とは別物です。あることを伝えるのに平易な言葉で伝えられるなら、そうすることです。谷崎潤一郎は『文章読本』で「分り易い語を選ぶこと」が原則だと書いています。そして「特に私がこれを強調する所以は、現今では猫も杓子も智識階級ぶった物の云い方をしたがり、やさしい言葉で済むところを故意にむずかしく持って廻る悪傾向が、流行しているからであります」と言います。これは1934年刊行の本です。その頃、むずかしい言葉を使う傾向があったのでしょう。今も変わりません。ある日本の哲学者の一文に「読者が、本書を先学の座標系に射影して〝理解〟されることなく、著者自身の座標系に即して統握されんことを切望して止まない」とあります。この文の意味を考えるのは、やめましょう。

文例 8 Before

大好物の青森産りんご

四畳半ほどの方寸のわが家の居間の真ん中に、丸い大きなテーブルが配されている。テーブルの上に漆器があり、そこに真っ赤に熟れたりんごが三つ存在していた。色や形から見て、蓋し青森産のサンふじである。サンふじと言えば、私の大好物である。

りんごの形は、ほれぼれとするほど整った丸みを帯びていた。色もまた、ほれぼれとするほどの深紅である。かじるのが躊躇された。

食べてみたら、甘さの中にほのかな酸味。換言すれば、酸味が引き立てた蜜の味と言えるだろうか。

Level up

平易な言葉でわかりやすく伝える

「方寸」「存在」「蓋し」「換言すれば」という言葉が使われていますが、いずれも、「おいしいりんごを食べたよ」というりんごの話であえて使う必要はありません。

むずかしい言葉を使いたいときでも、ほんとうにその言葉でしか伝えられないかを考えましょう。むずかしそうな言葉や回りくどい表現を使うと、なんとなく偉そうな文章になると錯覚している人がいます。しかし、意味もなくそのような文章を書くと、読みにくくなってしまいます。場合によっては、「偉そうに」「何を気取っているんだ」と、読み手の反感を買うことにもなります。

文例 ⑧ After

大好物の青森産りんご

わが家の居間のテーブルの上の漆器に、真っ赤に熟れたりんごが三つあった。色や形から見て、青森産のサンふじのようだ。サンふじと言えば、私の大好物である。

ほれぼれとするような整った丸み。色もまた、ほれぼれとするような深紅だ。もったいなくて、一瞬、かじるのをためらった。

食べてみたら、蜜のような甘さを、ほのかな酸味が引き立てていて、おいしかった。

❗ 前置きはすっきりまとめる

前置きが長かったり、前置きと本題が関係のない話だったりすると、読み手が理解しにくい文章になります。なるべく早く本題に入りましょう。

会話でもそうですが、その人の性格なのか、本題に入る前に長々と余計なことを説明する人がいます。あるいは、長い前置きが終わって、ようやく本題に入ったと思ったら、脱線して、本題から離れた内容を延々と綴るという文章もあります。

本題に入るために欠かせない伏線のようなもの、あるいは後々本題とかかわってくる話ならわかります。そうでないことを延々と書かれると、読み手は疲れます。

自分はこの文章で何を伝えたいのかをいつも念頭に置き、それを伝えるにはどう書けばいいのかを考えていれば、そのような書き方はしないでしょう。

文例 9 Before

人生の転機となった朝

たまっている仕事を片づけようと、早起きして、いつもより1時間早く家を出た。駅に行く途中、知り合いの女性とばったり会って、15分ほど話してしまった。彼女は夫婦でクリーニング店を経営していて、店はそれなりに繁盛しているようだ。私の妻が10年前に地域の行事で知り合って仲良くなり、家族ぐるみの交流が続いている。

知人によると、息子さんが2次志望の大学に合格したのだが、行きたくないと言い出して、外国に旅立ってしまい、家族一同心配していると言う。志望校に入れなかったので悩んでいるのだろう。

せっかく仕事をしようと思っていたのに、女性と話し込んだせいで、会社に着いたのが始業30分前だった。それでも少しは仕事を進めようと、急いでエレベーターに乗ったら、たまたまそこに専務がいた。これがぼくの人生を変えるきっかけとなるのである。

Before

彼女は夫婦でクリーニング店を経営していて、店はそれなりに繁盛しているようだ。私の妻が10年前に地域の行事で知り合って仲良くなり、家族ぐるみの交流が続いている。

知人によると、息子さんが2次志望の大学に合格したのだが、行きたくないと言い出して、

Level up

本題からずれた話題は書かない

この文例の大切なところは、エレベーターで専務とたまたま一緒になったことがこの人の人生を変えたということです。たまたま一緒になったことには、いつもより家を早く出たこと、知人と会って時間を費やしたことが関係しています。ですから、これらのことを書くのは当然です。ただ、知人夫婦の商売の様子や彼女との話の内容はここでは関係のないことです。知人と知り合った経緯から、話した内容、つまり、彼女の息子のことまで書いていますが、息子が大学に入ろうが、どうしようが、この文章ではどうでもいいことで、明らかに脱線しています。この文章のテーマと関係しているのではないかと思って、しっかり読んだら、結局関係なかったとなると腹も立ちます。

この文例では数行程度の脱線なので、なんとなく最後まで読んでしまいますが、これが数ページに及んだら、論点がぼやけてしまい、散

外国に旅立ってしまい、家族一同心配していると言う。志望校に入れなかったので悩んでいるのだろう。

漫な印象を与える文章になってしまいます。

文例を直すなら、場合によっては「知人に会ってしまい時間を費やしてしまった」程度でもいいでしょう。余計なことは書かないで、なるべく早く本題に入るようにします。

ただし、あえて脱線して、その内容が、おもしろい、あるいは読み手の役に立つものなっているという文章もあります。それなら読み手も許してくれますし、その脱線を期待することもあります。脱線するなら、どうでもいいことを書くのではなく、読み手にとっておもしろい話、役に立つ話を、本筋から離れすぎない程度に書きましょう。

文例 9 After

人生の転機となった朝

残っていた仕事を片づけようと、早起きして、いつもより1時間早く家を出たのだが、駅に行く途中、知人の女性とばったり会って、15分ほど話してしまった。せっかく早く出かけたのに、そのせいで、会社に着いたのが始業30分前だった。それでも少しは仕事をしようと、エレベーターに乗ったら、たまたまそこに専務がいた。これがぼくの人生を変えるきっかけとなるのである。

! 題名と見出しを工夫する

出版社の編集者は本をつくるとき、題名をあれこれ考えます。書店に置いてもらえる冊数、棚の場所、そして売れ行きにも影響するからです。それほど題名は大切です。本に限らず、文章でも、読み手はまず題名を見て、その文章を読もうかどうか考えます。戦後史を振り返り、その問題を考えるテーマの文章なら「戦後史の問題点」とすれば、戦後史に興味のある人なら、読んでみようかと思うでしょう。ところが、単に「問題に思うこと」という題名にしたら、何についてなのかわからず、興味をそそるものとは言えません。

作品の題名は、手に取ってもらう、見てもらうために大切です。よい題名が思い浮かばないなら、文章の内容を端的に伝える言葉にすればいいでしょう。

また、内容のまとまりがいくつかある場合、見出しをつけると読みやすくなります。特に文章が長くなる場合は、見出しがあることで、読み手も、この見出しの部分を読んだら一休みしようという読み方もできます。

見出しには大見出し、中見出し、小見出しがあります。いずれも話のまとまりを一言で表現したもの、あるいは続けて読んでみたいと思わせるためのものです。ただし、内容と違った見出し、あるいは大げさな見出しをつけると、読み手を裏切ることになります。

どうしても見出しがつけられないということもありますが、それは、その部分に見出しにするような話のまとまりがないからか、たいしたことが書かれていないからです。もう一度文章の内容を検討する必要があるかもしれません。

文例 ⑩ Before

昨日のイベントの総括

第一営業部で企画し、昨日実施したイベントの、評価できる点と改善したほうがいい点を総括したい。

イベントのタイトル「2017年の世界経済を予測する」は、多くの人の興味をひくものでよかった。イベント前半の基調講演として招いた講師は経済の専門家であり、知名度も高く、参加者の評価も高かった。イベント後半の分科会も一つひとつのテーマが練られていて、また、展示コーナーは予想以上に盛況だった。会場周辺での直前告知のタイミングや方法も的確で、予約以外の当日の参加者を見込み以上に確保でき、予定していた1000人を超える1500人の集客を実現できた。確保した会場の交通の便がよい点も、参加者に好評だった。

改善すべき点は、競合会社のイベントと開催日が重なったこと、スタッフの配置にむだや不足が見られたことであろう。特にイベント後半、当日の参加者数が見込み以上だったため、参加者の動きに柔軟に対応できず、スタッフを均等配置したままだった。混雑した展示コーナーでは長蛇の列ができ、ほかのコーナーではスタッフがぼんやり立っているという事態が見られた。予算が10％オーバーしたのも、来年に向けての課題である。

以上の点を皆で共有し、来年のイベントは今年以上の成功となるよう努めたい。

Level up

題名、見出し、箇条書きで内容を伝える

文例の題名では「昨日のイベントについて何か書いてあるのだな」ということはわかりますが、やや漠然としています。「『2017年の世界経済を予測する』イベントの評価と課題」に変えるとどうでしょう。題名をより具体的にすることで、この原稿を目にした社員は、「今後の自分の仕事にも関係しそうだ」「読んでおいたほうがいいかな」と思うでしょう。

また、この文例の場合は短いので、見出しをあえてつける必要はないかもしれません。それでも、見出しをつけて、文章を二つに分けると、読みやすくなります。

文章によっては箇条書きを使うことで、わかりやすくなる場合もあります。いくつかの事柄を続けて述べるとき、ただ続けて書いていくと、その事柄が多いほど、読みにくくなります。それを整理して箇条

書きにすると、内容が一目瞭然となります。長い文章は読みたくない、読み慣れていないという読み手には、特に有効でしょう。

ただし、箇条書きにする場合、内容によっては、ただ並べるだけでは十分ではありません。箇条書きにする事柄に優先順位があったり、重要度が違っていたりする場合があります。その際は、優先順位の先のものから、重要度が高いものから列記していきます。

たとえば、料理の材料を箇条書きにする場合に、メインとなる材料から書いていき、ほかの材料でもかまわないものは最後に持ってくるという具合です。

Before

イベントのタイトル「2017年の世界経済を予測する」は、多くの人の興味をひくものでよかった。

イベント前半の基調講演として招いた講師は経済の専門家であり、知名度も高く、参加者の評価も高かった。

イベント後半の分科会も一つひとつのテーマが練られていて、また、展示コーナーは予想以上に盛況だった。

会場周辺での直前告知

文例⑩ After

「2017年の世界経済を予測する」イベントの評価と課題

第一営業部で企画し、昨日実施したイベントの、評価できる点と改善したほうがいい点をここにまとめた。

評価できる点

・タイトルが多くの人の興味をひいた。

・基調講演の講師は経済の専門家であり、知名度も高く、参加者の評価も高かった。

・分科会は、一つひとつのテーマが練られており、展示コーナーは予想以上に盛況だった。

・会場周辺での直前告知のタイミングや方法が的確だった。結果、予定していた1000人を超える1500人の集客を実現できた。

・会場の交通の便がよく、参加者に好評だった。

のタイミングや方法も的確で、予約以外の当日の参加者を見込み以上に確保でき、予定していた1000人を超える1500人の集客を実現できた。確保した会場の交通の便がよい点も、参加者に好評だった。

改善したほうがいい点
・競合会社のイベントと開催日が重なったこと。
・スタッフの配置の問題。イベント後半、参加者の動きに柔軟に対応できず、スタッフの配置にむだと不足が見られた。
・予算が10％オーバーした。

来年の課題
・イベント開催日前後の競合会社の動向の調査。
・スタッフの適正な配置。
・予算を考慮した企画立案。
・今年の成功点をさらに充実させる。

以上の点を皆で共有し、来年は今年以上の成功となるよう努めたい。

❗ 文章の構成をしっかり考える

ブログではだれもが気軽に書けるためか、感情や考えを思いつくままに羅列している文章を多く見かけます。たとえば、「あの上司は嫌い。ちょっとしたミスで叱るんだもの。昨日も叱られたので、帰りにマロンケーキを食べた。おいしかった。マロンは最高ね。いつだったか妙高高原に行ったときも食べたけれど。そうそう、あのときの絵梨、勝手だったたな。彼女とは二度と一緒に旅行に行きたくないな」という文章。書き手が何を言いたいのか、読み手には見当がつきません。愚痴をただ聞かされているような印象を受けます。これは構成を考えない文章の典型で、思いつくままに文を並べると、ひとり言のような文章になります。

構成とは文章の構造のことで、家でいえば設計図にあたります。なんとなく書き進めるのではなく、構成をある程度考えて書くようにします。そうすることで、読み手に内容がより伝わりやすくなります。

文例 ⑪ Before

大容量USBメモリ新発売

新製品の大容量USBメモリの特徴は、
①容量2TBモデルで、インターフェイスはUSB3.0に対応
②USB端子に加えて、iPhone/iPadに接続するLightning端子を搭載
③15gの軽量本体で、ボディカラーはシルバー、ゴールド、ブラックの3色
④3年間の製品保証とテクニカルサポート付き
である。11月10日、K社の新製品発表会で、その特徴が公開された。とりわけ容量、端子の点で従来の製品に勝っており、軽量でもあり、携帯性や操作性を重視する消費者にも魅力的なものになっている。価格はオープン。発売は12月1日となる。

構成は序論、本論、結論を基本に

文例は、必要な情報はきちんと入っているのですが、冒頭でいきなり新商品の特徴を述べるなど、全体的に散漫な紹介記事になっています。

読み手にスムーズに読んでもらい、理解してもらうには、順を追って書くことが大切です。三段型、四段型（起承転結）、頭括式、尾括式などが論説文や説明文などの構成の基本とされます。

その中でいちばんの基本が三段型です。これは序論、本論、結論と進める構成で、前置きとなる導入部が序論、文章の中心なる話題を述べるのが本論、まとめが結論です。

三段型の本論の部分を二つに分けたものに、四段型の起承転結があります。承と転が本論にあたります。「Aについて論じたい」（起）↓「一般にAは○○だと言われている」（承）↓「一方、△△だという意見もある」（転）→「総合的に考えると、私は□□が正しいと思う」（結）という形です。

そのほか、頭括式（テーマ・結論を最初に示して、続いて事例、説明などを並べていく）、尾括式（事例、説明などを並べ、最後にテーマ・結論を置く）、双括式（最初にテーマ・結論の概略を述べ、続いて事例、説明などを並べ、最後にもう一度結論を明示する）などがあります。

これらの構成を文章の目的に合わせて使い分けながら、序論が長く、本論が少ししかないといったちぐはぐな形にならないよう、分量のバランスも考え、説得力のある文章に仕上げていきます。

文例 ⑪ After

大容量USBメモリ新発売

11月10日、かねて注目されていたK社の新製品、大容量USBメモリの発表会が行われた。会場はSホール。開発担当者が新製品の特長を説明した。

その主なポイントは以下の点だ。

①容量2TBモデルで、インターフェイスはUSB3.0に対応
②USB端子に加えて、iPhone/iPadに接続するLightning端子を搭載
③15gの軽量本体で、ボディカラーはシルバー、ゴールド、ブラックの3色
④3年間の製品保証とテクニカルサポート付き

とりわけ容量、端子の点で従来の製品に勝っており、軽量でもあり、携帯性や操作性を重視する消費者にも魅力的なものになっている。価格はオープン。発売は12月1日となる。

第3章

文章の細部に気を配る

3章のポイント

比喩を効果的に使う
引用文や常套句をうまく使う
カタカナ語や感嘆符に注意
専門用語、業界用語は使わない
数字を入れて説得力を増す

文章を書く際、言葉の使い方への配慮によって、内容が伝わる文章にもなりますし、よく伝わらない文章にもなります。たとえば、比喩や慣用表現をうまく使えば、伝えたいことを的確に伝えられます。一方、カタカナ語や疑問符、感嘆符、専門用語を多用すると、読みにくい文章になりま す。ここでは、このようなことに注意して文章を書くことについて、話していきます。

！見たものや気持ちを比喩で伝える

比喩とは、言いたいこと、気持ち、見たもの、感じたことなどを、よりわかってもらうための一つの方法です。

代表的なものに直喩と隠喩があります。「ゴムマリのようなやわらかさ」が直喩。明喩とも言い、「ような」という言葉が使われていて、比喩だとはっきりわかります。

隠喩は暗喩とも言い、「時は金なり」というように、比喩であることを示す「ような」などの言葉を使わずにたとえる方法です。

このほか、擬人法も比喩の一種で、「イチョウの枯れ枝が、おいでおいでと手招きしている」というように、人以外のものを人に見たてる方法です。

これらをうまく利用すると、内容をよりよく伝えることができますし、使い方を間違えると、かえってわかりにくい文章になってしまいます。

井上ひさしは、比喩の力を次のように説明します。

「個人的な文章の主務は、それぞれの心の生活のなかにある『なんだかぼんやりしたものになってはいるが自分にとってはのっぴきならないほど重大なこと』に形を与えるというところにある。その内的経験は個人的なものであるだけに世の中の中心からは遥かに遠い。その距離を瞬時のうちに埋めるのが比喩である」(『自家製文章読本』)

心の中を伝えるのに、何かにたとえるのはむずかしいものです。しかし、うまく比喩を使えれば、文字を何百字連ねても伝わらないことが伝わることもあります。

文例⑫ Before

ジビエ料理の初体験

先日、叔父に連れられて、都内にあるジビエ料理の専門店に行った。父のような顔をした叔父は、岐阜でジビエ料理の店を営んでいて、真鴨やシカ、イノシシなどの調理に詳しい。東京に出てきたので食事をしないか、と誘われて、訪れた先がその店だった。

六人程度が座れる木のカウンターと、四人がけのテーブルが三つのこぢんまりした店で、銀座や赤坂によくある割烹のような雰囲気だ。ビールを頼むと、つきだしにホソヘリカメムシの幼虫に似た虫が出てきた。茹でられて小鉢に盛られている。名前は忘れたが、栄養があるという。見ただけで気持ちが悪くて、私は食べられなかった。叔父は黙々と食べていた。「食べないのか」と聞くので、「大いに勇気がいります。よく食べられますね」と返すと、「出されたものは食べる。食で挑戦するのがおれの信条だ」と叔父は答えた。

Level up

比喩を使うなら、一般的に知られるものでたとえる

文例では、「父のような顔」「ホソヘリカメムシの幼虫に似た」という比喩を使っています。いずれもよくわからないものが比喩に使われています。書き手の父を知らない読み手は、この比喩によって叔父の顔を想像できませんし、ホソヘリカメムシを知らなければ、料理に出た虫の様子を頭に描くこともできません。

比喩とは、説明のために似たものを使って表現することです。白さを説明するのに、「ろうそくのように白い」と表現すれば、読み手は「白さ」をより具体的に想像することができます。ある人の性格を表現するのに、「あの人の腹の中は真っ黒だ」という言い方も比喩です。何かいいことがあったとき、少し陳腐ですが、「まるで盆と正月が一緒に来た上に、宝くじまで当たったような気分だ」と書けば、うれしさを強調することができます。作家の清水義範は『わが子に教える作文教

室』で「比喩というのは楽しい文章テクニックであり、子供でも気軽に試してみることのできるものだ。比喩がうまいと文章がかなり高度な印象になる。（中略）読んだ人がなるほど、よくわかるなあ、と思うのがいい比喩だ」と言っています。

このように比喩は読み手によりわかりやすく、伝わりやすくするために使うものですから、だれもがわかるものを使うのが基本です。説明するもの、事柄よりも、より具体的なもの、より認知度が高いものでたとえるのがいいでしょう（例外として、専門分野の文章では、専門領域の事柄を比喩に持ってくるほうが、その分野の読み手に伝わりやすいことがあります）。

「父のような顔」という比喩には、一般的に知られる人の名前を出します。よく知られた俳優や偉人にたとえると、叔父の顔を容易に想像できます。あるいは「パンダのようなほのぼのとした印象の」でも想像できるでしょう。

「銀座や赤坂によくある割烹のような」という比喩も使われていま

す。高級そうな日本料理店という雰囲気はなんとなく伝わりますが、銀座、赤坂の割烹に行ったことがない人のほうが圧倒的に多い。「ちょっと高めの日本料理店のような雰囲気だ」という程度でいいでしょう。

「ホソヘリカメムシの幼虫」という部分は「アリ」や「蜘蛛」など、だれもが知る昆虫にすればイメージが伝わりやすくなります。

このように、比喩はただ使えばいいというものではなく、自分に身近なもの、事柄であっても、「読み手になじみがあるだろうか」と考えて使う配慮が必要です。

テレビや雑誌で、大きさの比喩として、「東京ドーム何個分」という表現がよく使われます。これは適切でしょうか。「大きいんだな」くらいはわかりますが、厳密にいえば東京ドームを実際に見ていない人には伝わりにくい比喩でしょう。東京で働く人たちの都合のいい比喩に思えてなりません。

また、「渦中の歌手の〇〇を直撃」という表現をよく目にします。

「直撃」という言葉はもともと「直接攻撃する」「爆弾などが直接当たる」という意味で、相手に害をもたらす意味が込められています。比喩としては「台風が九州を直撃」という使い方があります。「渦中の歌手の○○を直撃」という言い方も比喩的に使っていて、「相手に直接会って話を聞く」という意味です。ただ、もともと相手に攻撃を加えるという意味が含まれていますから、攻撃的な調子が感じられます。実態は単に「直接取材した」ということなのであり、歌手を直撃した記者も、害を加えるつもりはないでしょうから、大げさに「直撃」など使わなくてもいいと思います。「直撃」とすると、読者あるいは視聴者の目を引くので、使っているのでしょう。

文例の「大いに勇気がいります」は、単に「大いに」だけでなく、比喩でその気持ちを強調してみましょう。

文例⑫ After

Before
父のような顔をした叔父は、

大いに勇気がいります。よく食べられますね

ジビエ料理の初体験

先日、叔父に連れられて、都内にあるジビエ料理の専門店に行った。パンダのようなほのぼのとした印象の叔父は、岐阜でジビエ料理の店を営んでいて、真鴨やシカ、イノシシなどの調理に詳しい。東京に出てきたので食事をしないか、と誘われて、訪れた先がその店だった。

六人程度が座れる木のカウンターと、四人がけのテーブルが三つのこぢんまりした店で、ちょっと高めの日本料理店のような雰囲気だ。ビールを頼むと、つきだしに大きな蟻に似た虫が出てきた。茹でられて小鉢に盛られている。名前は忘れたが、栄養があるという。見ただけで気持ちが悪くて、私は食べられなかった。叔父は黙々と食べていた。「食べないのか」と聞くので、「無免許の人がさばいたフグを食べるくらい勇気がいります。よく食べられますね」と返すと、「出されたものは食べる。食で挑戦するのがおれの信条だ」と叔父は答えた。

！ 引用文やコメントで説得力を増す

本などから引用したり、ほかの人のコメントを文章の中に使ったりすることは、自分の主張や伝えたいことに、より説得力を持たせる上で有効です。ただし、数多く使えばいいというものではありませんし、引用やコメントを並べただけでは、自分の文章ではなくなってしまいます。

また、ただ使えばいいというものでもありません。Aという人のコメントを使うなら、ほかの人では話せない、その人ならではのコメントを使うようにすることが大切です。

ある事件や事故を報道する取材記事の場合は、当事者のコメントを使い、さらに、必要なら、専門家の意見も加えて、記事をより充実したものにします。

文例 13 Before

故郷の神事「福男選び」

私の故郷、兵庫県西宮市の「福男選び」は、ニュースで全国放送されるほど有名な神事だ。旅行のガイドブックには、「ぜひ見ておきたい祭りの一つ」で、「毎年1月10日の早朝に西宮神宮に千人以上の人々が集い、朝6時の開門とともにダッシュする。いち早く本殿にたどり着いた者が、その年の福男になる」と写真入りで紹介されている。

私の同級生で「福男選び」に参加したことのある剣崎一郎君は、「福男選びが行われている西宮神社はえびす宮総本社なんだ。1月10日の早朝にえびす神の大祭が終わり、表大門が開かれると同時に、人々が真っ先にお参りしようと、競って参道を急いだのが、福男選びの由来だよ」と話してくれた。西宮神社のホームページによれば、「江戸時代頃から自然発生的に起こってきた」もので、昭和15年頃から先着三人を「福男」と認定するようになったという。

Before
私の故郷、兵庫県西宮市の「福男選び」は、ニュースで全国放送されるほど有名な神事だ。

Level up

引用文は出典を、コメントは発言者名を記す

文例は、書き手の故郷の「福男選び」の紹介です。しかし、ガイドブックやホームページからの引用、同級生のコメントが並べられ、自分の言葉は冒頭の一文だけです。書き手もこの祭を見たことはあるでしょう。見た感想をもう少し自分の言葉で語るべきです。

また、コメントの使い方が適切とは言えません。同級生のコメントは、神事の紹介で終わっています。せっかく参加したことのある人物を登場させているのですから、参加者しか語れないコメントにしましょう。そうすれば臨場感が出てきます。神事の紹介はガイドブックと西宮神社のホームページに任せます。

引用文あるいはコメントを使う場合、出典、あるいはどこのだれが発した言葉なのかを明記するのが原則です。新聞からの引用なら新聞名と日付を入れる、雑誌からの引用なら雑誌名と何月号かを明記す

る。文例では旅行のガイドブックの引用をしています。これは第三者も注目しているということで、使い方としてはいいのですが、どこで発行しているどんなものなのかがわかりません。

これらがきちんと書いてあれば、読んだ人が自分もその本や新聞、雑誌を読んでみたいというとき、すぐにわかりますし、内容を確認することもできます。書いてないと、説得力を増そうとして勝手につくったのではと曲解されても仕方ありません。

実際にだれかに取材をして、コメントとして掲載する場合は、コメントした人の名前を記載します。雑誌の記事で情報提供者の保護から、あえて「関係者」とする場合がありますが、通常はコメントした人の名前を明らかにすることで、文章への信頼が増します。

また、たとえば、三人に取材をしたものの、コメントの内容が同じということもあります。その場合、コメントは一つにしたほうがすっきりします。Aさんのコメントを記した上で「B、Cさんも同様のことを言っていた」とすればいい。せっかく取材に応じてくれたのだから、使わないと申し訳ないと考えて、三つの発言を並べる人もいます。気持ちはわかるのですが、コメントが一つで足りる文章なら、読み手にとって、三つあるのはむだですし、一つでまとめたほうが読みやすくなります。

ただし例外もあります。立場の違う人が、同じ主張をしている場合です。「Yに賛成しているA氏も『Sはすばらしい』と言っているし、反対しているB氏も同様に『Sは最高だ』と言っている」。このような場合は、二人のコメントを並べることで、Sのすばらしさを強調できるでしょう。

文例 13 After

故郷の神事「福男選び」

私の故郷、兵庫県西宮市の福男選びは、全国放送されるほど有名な神事だ。旅行のガイドブック『旅行万歳関西版』（○○出版）には、「ぜひ見ておきたい祭の一つ」で、「毎年1月10日の早朝に西宮神宮に千人以上の人々が集い、朝6時の開門とともにダッシュする。いち早く本殿にたどり着いた者が、その年の福男になる」と写真入りで紹介されている。西宮神社はえびす宮総本社で、正式名称は「開門神事福男選び」。神社のホームページによると、「十日えびす大祭」が終了すると、午前6時に表大門が開かれ、外で待っていた参拝者が「一番福」を目指して本殿を目指して走る。これを「走り参り」と言うそうだ。距離は230メートル。「西宮えびす独特の行事として、江戸時代頃から自然発生的に起こってきた」と言う。昭和15年頃から1番から3番までをその年の「福男」に認定している。

私の同級生で「福男選び」に参加したことのある剣崎一郎君は、「開門前の興奮と緊張はすごい。前にも何人もいるし、後ろにもいっぱいいる。何しろ5000人くらい門の前に集まるのだから、もたもたしていたら、弾き飛ばされる。門が開いたら前の人について突っ走った。みんな全速力。230メートルの全力疾走はけっこうきつい。走って体温が上がっていたためかもしれないが、神事に参加した高揚感は走り終わってもしばらく続いていた。参加者の多くは、1番になろうとは思っていないで、この高揚感を味わいたいのだろう。『福男』にはなれなかったけれど、この勢いで1年頑張ろうと思った。足腰を鍛えてまた挑戦したい」と言っていた。

私も様子を見にいったことがある。門の前は人であふれていて、女性もいる。開門して、いっせいに走り出したときの歓声と興奮は圧巻。みんなが行った後を歩いてついていっても、神事に参加したという気持ちになれ、ふつうに神社にお参りするのとは違う雰囲気を味わえる。この時期に西宮に来る機会があったらぜひ足を運んでほしい。

！常套句や慣用表現を効果的に使う

日本語には「こういう場面には、こういう表現をするといい」といった決まり文句（常套句）や、あることを表現するのに適した慣用表現があります。

建設工事が始まるときは「槌音高く」、葬儀のときは「しめやかに」、昔からのやり方にのっとった方法で行うときは「古式ゆかしく」という決まり文句があり、便利な表現でよく使われます。

また、「油を売る」「顔をつぶす」というような慣用表現を文章に活用すると、内容や状況、気持ちをより的確に伝えられることがあります。

井上ひさしはこのような決まり文句の利点を認めています。

「すくなくとも私は紋切り型表現の支持者の一人です。『愛嬌をふりまく』『涙をさそう』『古式ゆかしく』など、いずれも意味がよくわかってすこぶる結構」（『井上ひさしの日本語相談』）。

もっとも、決まり文句、慣用表現は便利ですが、使い方を間違えれば、意味のわからない文章になりますし、使い過ぎると、個性のない文章になります。

一つの文章の中に決まり文句や慣用表現ばかり並んでいたら、単にそれらの言葉で埋めた印象になってしまいます。また、定期的に出されるレポートや冊子で、その都度、「つつがなく行われた」と書かれていたら、いわゆるワンパターンで能がない文章となってしまいます。その際は、自分の言葉に置き換えるなどの工夫が必要です。

文例⑭ Before

恩師の死

先月、私の恩師である鯨丘先生が急逝されました。高校のサッカー部で指導していただき、私が体育教師を目指すにあたって目標となった先生でした。

ご家族から危篤のご連絡をいただき、急いで病院に駆け付けたのですが、すでに息を引き取られた後でした。最期にお目にかかってお礼が言えず、無念です。先生は3年間、親身になって面倒を見てくださいました。また、人間力とは何かを教えてくださいました。残念至極です。

通夜・葬儀は、先生の教え子もたくさん参列する中、しめやかに執り行われました。葬儀会場ではご遺族に、謹んでお悔やみを申しあげました。

Before

ご家族から危篤のご連絡をいただき、急いで病院に駆け付けたのですが、すでに息を引き取られた後でした。

通夜・葬儀は、先生の教え子もたくさん参列する中、しめやかに執り行われました。

Level up

常套句や慣用表現は誤用や多用に注意

文例に「急いで病院に駆け付けた」とあります。これはこれで問題ありませんが、もう少し慌てている気持ちを表すような慣用表現を使ってみます。「取るものも取りあえず駆け付ける」という意味で使う「押っ取り刀」という慣用表現があります。刀を腰にさす時間もなく、手に取って駆け付けるということで、緊急の雰囲気が伝わりやすくなります。この「押っ取り刀」、たまに誤用が見られます。書き手が「おっとり」と誤解して、「集合の合図があったのに、彼は押っ取り刀で最後に立ち上がった」という使い方をしてしまうこともあるのです。

また、恩師の葬儀の様子を伝えるのに、「しめやかに」が使われています。通常の葬儀を表現する場合、「しめやかに」でもいいかもしれませんが、たいへん世話になった恩師の葬儀の様子を表現するのに決まり文句で済ませるのは、他人事のようで味気ないものです。この場合は、自分の言葉で、見たこと、思ったことを表現するようにします。

テレビなどでよく「驚きを隠せない」というコメントを聞くことがあります。これはびっくり仰天してとまどっている様子を表現する言葉ですが、毎日のように「驚きを隠せない」と言われると、陳腐な気がして、別の言い方がないのかと思ってしまいます。文章でも同様です。紋切型の表現が続くと、読み手はうんざりしてしまうでしょう。

朝日新聞の「天声人語」を担当していた辰濃和男は「紋切型の表現の底には、紋切型の感受性、紋切型のものの見方、紋切型の生き方があります。私たちの心、私たちの生き方には、どうしようもなく、『紋切型』という名の垢がこびりついてしまうのです。ですからよけいに、垢には敏感になりましょう。そして自分の文章の垢にも」と言っています（『文章の書き方』）。紋切型の表現を使うとき、垢になっていないか考えましょう。

国語学者の中村明は「きまりきった表現では、きまりきったことしか伝えられない。一個人が新しく伝えたい事柄には、きまりきったものではないディティールやニュアンスが必ずあるはずだ。そういうトータルな内容を伝えるためには、それにふさわしい表現をくふうしなければならない」(『悪文』)と書いています。

流行語をまねるのも、陳腐な表現の一例です。「感動力」「田舎力」「話題力」「仕事力」など、最近は何でも「力」をつける傾向があり、「また~力か」とうんざりしてしまいます。文例でも「人間力」という言葉が使われています。ここでは、ありふれた言葉を使うより、「人間が持つ無限の力」といったように自分の言葉で書くほうがいいでしょう。

「DNA」という言葉もひと頃流行しました。企業の経営方針発表会などで、「わが社のDNAを受け継ぎつつ」という言葉を多くの社長から聞きました。それまでは「わが社の伝統」「わが社の風土」と言っていたものを突然、DNAと言い出したのです。オリジナルの言葉ならいいですが、流行にのっただけであり、陳腐に感じられました。

また、慣用表現を使う場合、誤用にも注意しましょう。よく見られる誤用に「檄を飛ばす」があります。「業績が落ち込んでいるので、社長が社員たちに檄を飛ばした」という具合です。スポーツ新聞などでは「監督が選手にゲキ！」という見出しがよく使われます。叱咤し、元気づけるという意味で使っていて、そのような使い方を認める辞書もありますが（間違っていてもみんなが使えば認められていくという傾向が、日本語にはあります）、檄は檄文の檄であり、檄文は自分の考えなどを世に広く訴える文書のことで、「檄を飛ばす」は、自分の主張を広く訴え、決起を呼びかけることです。

慣用表現や故事成語などを使う場合、念のため、一度辞書で意味を確認してから使うといいでしょう。

文例の間違いをもう一つ。「教え子」とあります。これは先生の側から見た言葉なので、「私の教え子」というのならいいのですが、「私はA先生の教え子」という言い方は正しくない。「先生の教えを受けた人たち」とします。

Before

先生は3年間、親身になって面倒を見てくださいました。また、人間力とは何かを教えてくださいました。残念至極です。

通夜・葬儀は、先生の教え子もたくさん参列する中、しめやかに執り行われました。葬儀会場ではご遺族に、謹んでお悔やみを申しあげました。

文例 ⑭ After

恩師の死

先月、恩師であるA先生が急逝されました。高校のサッカー部で指導していただき、私が体育教師を目指すにあたって目標となった先生でした。

ご家族から危篤のご連絡をいただき、病院に押っ取り刀で駆け付けたのですが、すでに息を引き取られた後でした。最期にお目にかかってお礼が言えず、無念でなりません。

先生は3年間、親身になって私の面倒を見てくださり、人間が持つ無限の力を教えてくださいました。本当に残念です。

通夜・葬儀では、先生の教えを受けた人たちがたくさん参列していました。私もお別れをしました。穏やかなお顔を拝見し、先生のご指導の下で過ごした高校時代の日々が走馬燈のようによみがえりました。

! カタカナ語を乱用しない

外国語をカタカナ表記にしたものや和製英語などのカタカナ語を必要以上に使う人がいます。自分はまだ日本に定着していない外国の新しい概念や和製英語などのカタカナ語、時代の先端をいく新しい言葉を知っているんだぞ、この言葉の英語の言い方を知っているんだぞと半ば自慢して使ったり、語感がかっこいい、イメージがいいと思って使ったりする人が多いのではないでしょうか。一般の人向けの文章なのに、自分の専門分野で使われるむずかしいカタカナ語をわざわざ使う専門家もいます。

繰り返しますが、文章を書く目的は、自分の言いたいこと、伝えたいことを読み手にわかってもらうことです。ところが、カタカナ語をたくさん使うことでわかりにくくなっていることが多い。パソコン雑誌や最新機器の説明書などで、そのような文章をよく見かけます。説明したつもりなのでしょうが、それを読むために別の解説書などを読まなければならないというような、素人が読んだら理解困難な文章もあります。

カタカナ語、外国語を使ったからといって立派な文章にはならないし、かっこよくもなりません。読み手からは、「わけがわからない」と拒絶されてしまいます。

これは文章ではありませんが、東京駅と地下通路でつながっているある建物への案内板に「～エントランス」とあり、その下に英語で「～entrance」と書いてありました。「エントランス」は英語を単にカタカナ表記しただけです。外国人のために「～entrance」と書くのは親切で、結構なことです。その上ご丁寧にカタカナでその読みまで書いてあるのに、日本語はどこにもありません。日本人に対してはこの上なく不親切です。なぜ「～入口」としないのか。この感覚が理解できません。

戦前に教育を受けた人で英語はもちろん、アルファベットも読めないが、日本語の正しい使い方、手紙の書き方はよく知っていて、漢字の知識も豊富で、日本で一所懸命生きてきたという年配の人は多いでしょう。そのような人が日本で生活していて、目的の場所にたどりつけない。人に聞いたら、「あそこにエントランスって書いてあるだろう」と軽蔑される。おかしな状況です。案内板に限らず、文章にもこういうことがたくさんあります。伝わる文章を書くには、「読み手がわかるだろうか」と、「わかるにはどうすればいいのか」と考えることが必要なのです。

文例 15 Before

ニュースリリース　ECサイト「A」を北米にて展開

株式会社Aサービスはこのたび、北米のニーズにタイムリーに応えるため、当社が運営するECサイト「A」を、アメリカ、カナダで開始したことをお知らせします。

２００７年10月に徹底したマーチャンダイジングによって日本でリリースを実現した「A」は、「いつでもだれでも手軽に買える」をコア・コンセプトに、ネット決済サービスの大手C社との画期的なコラボレーションによって実現したサービスです。

今回の北米での展開にあたり、「A」は各マーケットニーズに応じたバージョンアップを行いましたが、日本のマーケットのトレンドにマッチした「A」の高いクオリティは、北米のエンドユーザーにも支持されるものと確信しております。

October 01 2017　On Sale！　ぜひご期待ください。

Level up

だれでも知っている言葉を使う

文例は、見事にカタカナ語ばかりです。読み手の立場に立つと、カタカナ語をいったん日本語に置き換えて、理解するという作業をしなければならず、めんどうなものとなっています。

カタカナ語の使用に際しては、必要最小限にとどめると同時に、その言葉の社会への浸透度も考慮しましょう。要は、日本語で済むものはカタカナ語を使わず、日本語で表現するのがいちばんだということです。そのほうが文字の数を減らせることも多いのです。

ジャーナリストの池上彰は『その日本語、伝わっていますか?』で、「かつては、欧米から新しい言葉が入ってくると、その意味を考え、ふさわしい漢字を探し出して漢語に翻訳するという努力が行われていました。それが、いまはみんな安易にカタカナのままです。せっかく表意性を持った日本語の有利な点(メリットのことです)が、生かされていないのです。これはもったいないことだと思うのです」と書いていま す。漢字なら、それを眺めればなんとなく意味がわかることが多い。それらをカタカナ語にされると、知っている人に聞かないと、いくら考えてもわからないのです。「掃除機」と書けば、掃除をする機械だとわかりますが、「クリーナー」と書かれると、もとの英語を知らないと意味がわからない。このようなことが多くなっている。意味がわかる漢字を使わず、わざわざカタカナ語にする。池上彰は、それをもったいないと感じているのです。

また、野球の「ナイター」（最近はナイトゲームと言うようになりました）のように和製英語も氾濫しています。これなどは英語を知っている人でも理解できません。井上ひさしは、「外来語風の和製英語を連発してよろこんでいる三馬鹿は、お役所と旧国鉄、それに軽薄な企業と昔から相場が決まっているが、なかでもこのハローワークなどは馬鹿も行き止まりの、そのいい見本である」（『ニホン語日記②』）と、和製英語を厳しく批判しています。そしてさらに、「俺たち、どこの国にいるんだろうという気がするぐらい、力のある、お金のあるところが、金に飽かせて日本語を破壊している」（『井上ひさしと141人の仲間たちの作文教室』）と言います。

カタカナ語の中には日常的に多く使われているものがあります。たとえばドクター、カメラ、グループ、パーティー、メニュー、テープ、サービス、ポイントなど。これらは多くの人が理解でき、日本語として定着していると言える言葉です。そのようなものなら、文章の中で使うのも仕方がないでしょう。そうでないカタカナ語を使う場合は、配慮が必要です。配慮というのは、そのカタカナ語がどの程度、社会に浸透しているかを考えることです。文例の題名の「ニュースリリース」は、マスコミ向けの情報の発表のことです。企業やマスコミの人にはなじみがあるカタカナ語ですが、一般の人向けにはまだ使えないかもしれません。

和製英語を批判した井上ひさしは、外来語のカタカナ表記に関しては、「ぼくは外来語をできるだけ使わないようにしてきましたが、（中略）誰もが意味を知っていて、それを使ったほうが便利だという言葉については排除せずにきちんと使う。しかし、わかっているつもりでも本当のところはわかっていない言葉を使って考えるのは非常に危険なことだから、乱発はしない――今はそういう態度で外来語に向き合おうと思っています」（『日本語教室』）と言います。これに倣うべきでしょう。

「NHKアーカイブス」というものがあります。何のことかすぐにわかる人がどれくらいいるでしょうか。「アーカイブ」とは公文書、記録文書という意味で、NHKで過去に放送された保存番組という意味で使っているようですが、日本では十分には浸透していない言葉だと思います。公共放送であるNHKが大多数がわからない言葉を使うのは問題です。

今ではかなり浸透している「バリアフリー」。この言葉がまだあまり浸透していない十数年前に、国が「バリアフリー化を進めましょう」といった広告を出していたことがありました。バリアフリーが必要な人は障害者や高齢者でしょう。高齢者の場合、横文字になじみが薄い人が多いのに、このような言葉を何の説明もなく使うのは、配慮に欠けたものと言えます。この文章はどのような人を対象とするのかを考え、それに合わせてカタカナ語を使うように心がけましょう。

また、英語の専門用語などで、それを一言で表せる適切な日本語が見つからない場合があると思います。専門家相手の文章ならそのまま使ってても理解してもらえますが、一般向けの文章では、そのまま使っては理解してもらえません。やむを得ず使わなければならない場合は、カタカナ表記のあとに括弧で簡単な説明や注釈を加えるようにします。文章の中で説明するのもいいでしょう。「日本語で説明できないから、カタカナ表記にしているんだ」という言い訳は、一般向けの文章では通用しません。書き手はその言葉を使う以上、その意味や内容を理解しているはずです。ならば自分の言葉で説明できるはずなのです。もし説明できないのであれば、書き手の理解が十分でないということであり、その言葉を使わないようにします。

Before
北米のニーズにタイムリーに応えるため、徹底したマーチャンダイジングによって日本でリリースを実現した「いつでも～」をコア・コンセプトに、大手C社との画期的なコラボレーション
各マーケットニーズに応じたバージョンアップを行いましたが、日本のマーケットのトレンドにマッチした「A」の高いクオリティは

文例⑮After

ニュースリリース　ECサイト「A」を北米にて展開

株式会社Aサービスはこのたび、北米の需要に迅速に応えるため、当社が運営するECサイト「A」を、アメリカ、カナダで開始したことをお知らせします。

２００７年10月に徹底した商品化計画によって日本での発売を実現した「A」は、「いつでもだれでも手軽に買える」を基本的な視点に、ネット決済サービスの大手C社との画期的な連携によって実現したサービスです。

今回の北米での展開にあたり、「A」は各市場の需要に応じた性能の向上を行いましたが、日本市場の動向に対応した「A」の高い品質は、北米の利用者にも支持されるものと確信しております。

２０１７年10月１日発売です。ぜひご期待ください。

❗ 感嘆符や疑問符は最小限に抑える

ブログやSNSで疑問符の「？」、感嘆符の「！」が多用されています。中には「！！！」と一度にいくつも使う人もいます。気持ちを強く伝えたいということなのかもしれませんが、ふつうの文章でこれらを多用すると、うっとうしい文章になります。

感嘆符、疑問符などは、必要以上に使わないようにしましょう。強調したい気持ちを伝えたいというのなら、自分の言葉で表現するのです。

文例⑯ Before

祝！ 富士山 世界遺産登録！

2013年6月、日本の最高峰・富士山が世界遺産に登録された！正式名称は「富士山―信仰の対象と芸術の源泉」。富士山の山岳信仰や浮世絵などの題材となった文化的意義が評価されたのだ。すばらしい！ 葛飾北斎の「富嶽三十六景」を見てもわかるように、富士山は、見る場所によって、いろいろな「顔」を見せてくれる。これこそが富士山の「美」なのだ！

先日、ドイツの留学生に「君は富士山のどこに魅力を感じるか？」と尋ねられ、「見る場所によって、いろいろな『顔』が楽しめることだ！」と答えたら、彼は「ぼくは雪をかぶった富士の清々しさが好きだ！」と言っていた。富士山は見る人にいろいろな感動を与えてくれる！ だからこそ、世界遺産にふさわしい。

Level up

感嘆符や疑問符を使うのはどうしても必要なとき

文例には題名も含め、「!」や「?」が9か所も使われています。特に「!」を使わなくてもいいようなところにも使われていて、うっとうしさを感じます。感嘆符をどうしても使いたいなら、題名のところなど、伝えたいことを強調する部分に使う程度にしましょう。もし感動を強く伝えたいのなら、「興奮した」といった感動を表す言葉を補うなどして、気持ちや様子を表現します。

日本語の助詞には、もともと感動や疑問などの意味があります。「それは本当だろうか」と、助詞の「か」をつければ、疑問の意味になりますし、「そうか、合格したか」と書けば、感動の意味であることが読み手に伝わります。その部分だけでは疑問なのか感動なのかわからない場合でも、前後の文脈でわかります。

ですから、助詞を正しく使えば、基本的には感嘆符や疑問符を使う

Before
富士山は、見る場所によって、いろいろな「顔」を見せてくれる。これこそが富士山の「美」なのだ！

必要はありません。「彼に聞いてみた。『本当にそうなんですか?』と」という類の文を多く見かけます。「聞いてみた」とあれば、疑問符がなくても、次の文は疑問文がくるとわかるでしょう。「ですか」とあれば、もはやだれも誤解しようがありません。

感嘆符や疑問符を使わない書き方はいろいろあります。毎日新聞の論説委員などを務めた近藤勝重があげたわかりやすい例で言うと、「あら！」は「あらっ」と、「〜していただけない?」は「〜していただけなくって」あるいは「いただけないかしら」と書けばいいのです（『書くことが思いつかない人のための文章教室』）。

ただ、会話文の中で「そうなの」と書いても、軽い断定なのか、疑問なのかわからない場合もあります。そのようなときは、疑問だったら「そうなの?」と使うといいでしょう。

また、文字を「　」でくくり、特定の意味を持たせようとする場合があります。文例では顔と美を「　」でくくっています。顔は生き物に使うのが基本で、それ以外は比喩的な使い方になります。その意味で「　」でくくっているのかもしれませんが、ここでは特に「　」でくくる必要はないでしょう。書き手は何か特別な意味を持たせたくて、顔を「　」を使っているようですが、残念ながら文例ではその意味が読み手に伝わっていないで、ひとりよがりの「　」となっています。

文例の「美」も同様です。富士山のどのようなところに美を認めているのかの説明がどこにもなく、ただ「美」としています。まるで、うまい表現がないため、「　」でくくって、読み手に「考えてくれ」と言っているかのようです。

特別な意味で「　」でくくる場合、それがどういう意味なのかを読み手にわかるようにしておかなければなりません。

文例⑯ After

祝！　富士山　世界遺産登録

２０１３年６月、日本の最高峰・富士山が世界遺産に登録された。正式名称は「富士山─信仰の対象と芸術の源泉」。富士山の山岳信仰や浮世絵などの題材となった文化的意義が評価されたのだ。なんとすばらしいことだろうか。葛飾北斎の「富嶽三十六景」を見てもわかるように、富士山は、見る場所によって、いろいろな顔を見せてくれる。この多様な顔が富士山の美なのだ。

先日、ドイツの留学生に「君は富士山のどこに魅力を感じるか」と尋ねられ、「見る場所によって、いろいろな顔が楽しめることだ」と自信を持って答えたら、彼は「ぼくは雪をかぶった富士の清々しい雄大さが好きなんだ」と興奮気味に言っていた。富士山は見る人にいろいろな感動を与えてくれる。だからこそ、世界遺産にふさわしい。

！専門用語、業界用語はなるべく使わない

文章に限らず、ふつうの会話でも、専門用語や業界用語を説明もなく頻繁に使う人がいますが、一般の人を対象に使うと、格好をつけているように思われます。

専門用語や業界用語は、その世界だけで通用するものです。その世界の人々だけが読むもので使うのなら問題ありませんが、それ以外の人を対象にした文章では、専門用語はできるだけ避けなければなりません。それをしないということは、文章を理解してもらおうという気持ちがないということになります。

たとえば、哲学者が一般の人向けの雑誌から哲学の魅力について書いてほしいという依頼があったとします。その哲学者が「アルケーが」「フィシスが」と、何の説明もなく専門用語を使って文章を書いたら、おそらく編集者から書き直しを求められるでしょう。

専門用語・業界用語はその世界だけで通用するものと思い、一般の文章での使用は極力避けます。

文例17 Before

絶好の撮影場所に遭遇

来月放送予定の「全国温泉・グルメ巡り」番組のロケハンにAPの田中君と一緒に行くことになった。目的地は長野のC温泉。12時に車で六本木を出て、C温泉に着いたのは15時だった。

ロケの候補地を巡っていると、「源泉かけ流し」と書かれた旅館の看板が目についた。古風な造りで、番組のイメージに合う。アポなしだが、女将に企画を話すと取材を引き受けてくれた。さらに「あそこのお寿司屋さんもよいのでは」と、紹介までしてくれた。

路地裏の目立たない場所にある寿司屋だが、試食して驚いた。海がない土地なのに、ネタがいい。シャリもとびきりうまい。ギョクは自家製で、ふんわり仕上げられていた。アガリの香りもすばらしい。さっそく店主とロケの交渉をした。こちらも快くOKだった。おあいそをして店を出たあと、田中君と拳を軽く合わせた。

Level up

専門用語、業界用語、隠語、略語は説明を加える

文例では、放送業界と寿司業界の用語、隠語（仲間だけで通じる言葉）が並んでいます。一般にも使われることがある言葉なので、説明がなくても意味がわかる人はいるでしょうが、業界用語や隠語を使わずに語れるのなら、そのようにしたほうがより多くの人に理解してもらえます。

文例の「ロケハン」や「ＡＰ」は放送業界の言葉。「ＡＰ」はアシスタントプロデューサー、「ロケハン」はロケーションハンティングの略で、撮影に適した場所を探す行為を意味します。やむを得ずこのような言葉を使わなければならないときは、「ロケハン（野外撮影などに適した場所を探すこと）」というように、かっこ書きなどで簡単な説明を入れるか、「野外撮影などに適した場所を探す、これをロケハンと言うが」というように、まず説明をした上で専門用語を使うかしましょう。

「アポ」は、放送業界に限らず、いろいろなところで使われるもので、「アポイントメント」の略。面会、会合などの約束のことです。

その業界の人でもないのに、知ったかぶりで業界用語や隠語を使う人もいます。文例でも「ネタ」や「シャリ」「ギョク」「アガリ」「おあいそ」が使われていて、滑稽です。

作家の池波正太郎は、「通ぶる人を嫌った。例えばすし店。『むらさき』とか『シャリ』とか、符丁を得意そうに使う人には苦言を呈した」そうです（「各駅停話」朝日新聞、2017年1月28日夕刊）。

また、「NPO」「ICU」というような略語をよく目にします。テレビ、雑誌のようなメディアでは、だれもがその意味をわかっているかのように頻繁に使われますが、実際のところ、どれだけの人がその意味を正確に理解しているでしょうか。「NPO」なら「非営利組織」、「NPO法人」なら「特定非営利活動法人」と日本語の表記を一言入れると、営利目的ではない活動をする組織だなと、読み手にも伝わります。

「ＩＣＵ」は、医療ドラマが好きな人や、病院へ見舞いや看護に行った人は耳にしたことがあるでしょうが、病院とまったく縁のない生活をしている人にとっては、なんのことかわかりません。日本語で「集中治療室」を意味します。文章の中で使うなら、その説明も加えたほうが親切です。むしろ、そのような略語は使わず、集中治療室と書けば、だれにでもどのようなところなのかわかるのではないでしょうか。

Before
番組のロケハンにAPの田中君と一緒に行くことになった。

アポなしだが、女将に企画を話すと

ネタがいい。シャリもとびきりうまい。ギョクは自家製で、ふんわり仕上げられていた

文例 17 After

絶好の撮影場所に遭遇

来月放送予定の「全国温泉・グルメ巡り」番組の撮影場所を調べる、いわゆるロケハンにアシスタントプロデューサーの田中君と一緒に行くことになった。目的地は長野のC温泉。12時に車で六本木を出て、C温泉に着いたのは15時だった。

候補地を巡っていると、「源泉かけ流し」と書かれた旅館の看板が目についた。古風な造りで、番組のイメージに合う。事前の約束はしていないが、女将に挨拶し、企画を話したところ、快く取材を引き受けてくれた。さらに「あそこのお寿司屋さんもよいのでは」と、紹介までしてくれた。さっそくその店に向かった。

路地裏の目立たない場所にある寿司屋だが、試食して驚いた。海がない土地なのに、魚が新鮮だ。酢飯もとびきりうまい。東京の一流の寿司屋に負けない味なのだ。玉子焼きは自家製で、丁寧にふんわり仕

アガリの香りもすばらしい

上げられていた。お茶の香りもすばらしい。さっそく店主と撮影の交渉をした。こちらも快くＯＫだった。勘定をして店を出たあと、田中君と拳を軽く合わせた。

❗ 量や規模を伝えるときは数値を添える

文章によっては、数字が重要な役割を果たす場合があります。数字があることで文章の説得力が増すことがある一方、数字が欠けているため、信憑性のない文章、あるいは不完全な文章になってしまうことがあるのです。

２０１７年1月18日のネット配信のニュース（「BuzzFeed Japan」）に流氷の下に生息する、貝殻をもたない巻貝のクリオネが、大阪の「スーパー玉出」の鮮魚売り場で売られているというレポートがありました。

「担当者によると、クリオネの販売は3年ほど前にスタート。店舗のバイヤーが、通常の商品と同じように仕入れを決めたそうです。流氷の季節の北海道で水揚げしたものを直送しています。

販売を始めたころは、物珍しさで手を取る人はいたものの、売り上げは『そうでもなかった』。２０１６年に「Twitterで話題になり、テレビにも取り上げられたことで、購入につながったと言います。

例年は2月に入ってから入荷しているそうですが、今年は少し早く、1月17日に初入荷。18日朝の時点で残りは1瓶とのことでした」（以下、クリオネの育て方などの記事が続きます）

「手を取る人」は「手に取る人」の入力ミスでしょう。「購入につながった」も文としておかしい。購入したのは客です。店の担当者が話していることですから、「お客の購入に」とするか、「販売につながった」としないといけません。

それよりも問題なのは、大切な情報が抜けている点です。「残り1瓶」と書いています。これだけではたくさん売れたのか、そうでないのか、まったくわかりません。瓶の中にクリオネがどれくらい入っているのかもわかりません（値段は記事に添付した写真に写っています）。「100本入荷して1日で残り1瓶となった」というのなら、「なるほど、売れているんだ」と読み手は思いますし、「10本入荷して1瓶残った」のなら、「そんなに売れているわけではないのでは」という印象となるでしょう。ところが、「入荷数」という肝心の情報が抜けているため、読み手はどちらとも判断できず、欲求不満になってしまいます。

文例 ⑱ Before

前橋情報社の今期の業績

北関東地区の今期注目株の一つに、前橋情報社が挙げられる。同社は情報サービスのパイオニアとして前年度より業績好調で推移していたが、今期は売上高・経常利益ともに過去最高の見込みで絶好調である。競争激化による価格低下で同業界の他企業が軒並み厳しい業績の中、この伸びは注目に値する。

その理由はどこにあるのだろうか。

インタビューに応じてくれた足利尊吉社長によると、昨年より営業部門の中途採用を強化し、優秀な人材を集めるとともに、人員も増やし、既存顧客のフォローに力を入れたのだという。人件費の増加によって経費は前年度より増えたものの、それをはるかに上回る結果が出たとのことだ。

同社は今後、同業界同地区トップのシェアを狙う。

Before
今期は売上高・経常利益ともに過去最高の見込みで絶好調である。競争激化による価格低下で同業界の他企業が軒並み厳しい業績の中、この伸びは注目に値する。

人件費の増加によって経費は前年度より増えたものの、それをはるかに上回る結果が出たとのことだ。

Level up

できるだけ最新の数値、具体的な数字を記す

文例では、前橋情報社の業績の伸びが注目に値すると言っています。これは業績、つまり数字がポイントとなる文章なのですが、実際には「過去最高」と書かれているだけで、どれくらいなのか、数字が書かれていません。これでは読み手は、本当に注目に値するかどうかが判断できません。たいした伸びでもないのに、書き手が勝手に注目に値するものと思っているのかもしれないのです。

人件費や今後の計画に関する数字もあいまいで、売上高がいくらになれば業界トップになるのかも、読み手にはわかりません。

こうした場合、必要最低限の数字は示すようにしましょう。できれば、他の企業がどれくらい業績を悪くしているのかも明記すると、この会社の業績の好調ぶりが強調できます。

数字は、言葉よりも読み手に伝わりやすく、理解してもらう点で有

効なことがあります。「この店はパソコンが安い」と書くよりも、「この店はパソコンを3万円で売っている」と書いたほうが、読み手は注目するでしょう。数字を出すだけで十分ということもあるのです。

文章を書き進めていて、ここに数字があると説得力が増すと思った場合は、できるだけ最新の数値を調べて正確に書くようにします。たとえば、企業の業績などは上場企業であれば、ホームページを見ればわかりますし、ものの値段なら、関連の業界に取材をすればわかるでしょう。ある事件でたくさんの人が亡くなったという場合も、「多数が犠牲になった」とせず、新聞などで調べて具体的な数字を書くようにします。

Before
前年度より業績好調で推移していたが、今期は売上高・経常利益ともに過去最高の見込みで絶好調である。

人件費の増加によって経費は前年度より増えたものの

文例 18 After

前橋情報社の今期の業績

北関東地区の今期注目株の一つに、前橋情報社が挙げられる。同社は情報サービスのパイオニアとして前年度より業績好調で推移していたが、今期は売上高200億円、経常利益30億円の見込みと、いずれも過去最高、前年同期比はそれぞれ1・5倍と絶好調である。ライバルで同地区トップの上野原情報システムが売上高で10%、経常利益で12%マイナスとなるなど、競争激化による価格低下で、同業界の他企業が軒並み厳しい業績の中、この伸びは注目に値する。

その理由はどこにあるのだろうか。

インタビューに応じてくれた足利尊吉社長によると、昨年より営業部門の中途採用を強化し、優秀な人材を集めるとともに、人員も増やし、既存顧客のフォローに力を入れたのだという。人件費が1・2倍となるなど経費は前年度より増えたものの、それをはるかに上回る結果が出たとのことだ。

同社はさらに営業の充実を図り、今後2年で売上高を2倍にし、同業界同地区トップのシェアを狙う。

! 言葉を吟味して適切なものを使う

ある事柄、心の様子などを表現する際、どのような言葉がいちばん適切かを考えましょう。

「泣く」「怒る」「走る」「美しい」「重い」など、一般的な動詞や形容詞、これらを使えば一応意味は伝えられます。しかし、その場の様子、気持ちをより伝えるために、それだけで終わらせないことが大切です。

「泣く」だったら、「泣きじゃくる」「号泣する」、「怒る」だったら、「激怒する」「憤怒の形相となる」、「笑う」だったら、「微笑む」「相好を崩す」「笑みがこぼれる」などいろいろな言い方があり、それぞれ意味が違ってきます。その中でどれが適切かを考えるのです。

文例⑲ Before

坂道のカップルとおかみさん

先日、雨がやんだ後の坂道で足を滑らせて転んでしまった。下を歩いていたカップルが腰を打ったぼくを見て、笑って去っていった。ばかにされたような気がして、ぼくはものすごく怒り、痛みをこらえて立ち上がり、文句を言ってやろうと、坂を下りたが、二人の姿はなかった。

それでよかった。喧嘩になっていたかもしれないからだ。短気はいけない。それにしても、人の不幸を笑うことはないだろうに。

怒りがおさまらないので、行きつけの飲み屋に行った。おかみさんが「いらっしゃい」と、笑顔で迎えてくれた。その顔を見て、なんとなく落ち着いた。

言葉や表現を豊かにし、最適な言葉を選ぶ

文例にはカップルが「笑って去っていった」とあります。その笑い方に書き手は怒ったのですから、「ニコッと笑った」わけではないでしょう。この場合、嘲笑されたのだと思いますから、そう書きましょう。

また、「腰を打った」とあるだけですが、あとに「痛みをこらえて」とありますから、「腰をしたたかに打った」とすると、より様子がわかります。

「ものすごく怒り」も「怒り心頭に発し」とし、「短気はいけない」も、短気で喧嘩にでもなったら、大変なことになっていたはずで、その気持ちを込めて「短気は損気」としましょう。

最後のところでは、おかみさんの笑顔を見て落ち着いたとあります。しかも、カップルとは違う笑い顔です。どんなおかみさんの、どんな笑顔だったら、落ち着くのか、そのことも書くようにします。

Level up

Before
腰を打ったぼくを見て、笑って去っていった。

おかみさんが「いらっしゃい」と、笑顔で迎えてくれた。

このように、どう表現すれば最適かを考え、言葉を選ぶことが表現を豊かにする上で大切です。文章を書いているとき、どの言葉が、どの表現がいいかを考える習慣をつければ、少しずつ言葉の数が増えていき、表現の幅が広がります。

考えても言葉が浮かばないときは、「類語辞典」などで言葉探しをするといいでしょう。

会話中でも、本や新聞を読んでいるときでも、ほかの人がどういう表現をしているか、気をつけ、参考になる表現があったら、メモしておくようにします。

言葉を増やすには、言葉に対して好奇心を持つこと、敏感になることです。

Before

腰を打ったぼくを見て、笑って去っていった。ばかにされたような気がして、ぼくはものすごく怒り、

おかみさんが「いらっしゃい」と、笑顔で迎えてくれた。

文例 19 After

坂道のカップルとおかみさん

先日、雨がやんだ後の坂道で、足を滑らせて転んでしまった。坂の下を歩いていたカップルが腰をしたたかに打ったぼくを見て、嘲笑って去っていった。ばかにされたような気がして、ぼくは怒り心頭に発し、痛みをこらえて立ち上がり、文句を言ってやろうと、坂を下りたが、二人の姿はなかった。

それでよかった。喧嘩になっていたかもしれないからだ。短気は損気だ。それにしても、人の不幸を笑うことはないだろうに。

怒りがおさまらないので、行きつけの飲み屋に行った。七福神の布袋さんを思わせる、ふくよかなおかみさんが「いらっしゃい」と、やさしい笑顔で迎えてくれた。その顔を見て、なんとなく落ち着いた。

第4章

文章の印象を良くする

4章のポイント

- 権威を借りた文章を書かない
- 翻訳調の文章を避ける
- 論理の矛盾や視点のぶれに注意
- 感情をむき出しにしない
- 色や形、内容を具体的に書く

なんとなく偉そうな文章、下品な言葉が多い文章、内容に矛盾がある文章、主張がはっきりしない文章などは、読み手に不快感を与えたり、誤解して受け取られたりすることがあります。無神経だと思われる文章、読み手の頭を混乱させるような文章は、どのようなものなのか。ここでは文章の印象について考えていきます。

❗ 偉人や有名人の言葉を使いすぎない

自分の主張に説得力を持たせたいと思って、偉人や学者、有名人などの言葉を引用する。よくあることですし、読み手の参考になる場合には問題はありません。本書でも引用しています。それは説得力を増すためだけでなく、読み手にこの人はこんなことを言っているよと、伝えるためでもあります。

しかし、特にそのような必要がない文脈で偉人などの言葉を使うのは、単にその権威に頼って、自分の主張は正しいぞ、自分は偉いぞと言っているようなものです。あるいは偉人の本を読んでいる自分を自慢しているようなもので、読み手から見ると、鼻につく文章となってしまいます。

たとえば、「民主主義は絶対に守らなければならないと思う。著名な政治学者のSも著作の中で『民主主義は人類が血を流して勝ち取ったものであり、これなくして人類の平和も未来もない』と語っている」という文章。これは政治の問題について、自分の意見を補強する上で政治学者の言葉を使っているのでいいでしょう。

しかし、そのあとに「建築家のKも『民主主義こそ理想』と、人気コメンテーターのYも『民主主義は政治の根幹』と言っているではないか」というように、政治と関係のない有名な人の言葉を、さらに並べるとどうでしょう。自分はいろいろな有名人の言葉を知っていて、それらの発言は、自分と同じ考えだから、自分の意見は正しい、あるいは立派なのだという雰囲気が出てしまいます。

偉人などの言葉や文章を引用に使う前に、適切な使用か、自分の言葉で言えないかを考えましょう。

カンボジアボランティア体験

この夏、教育学部の小又教授の紹介でカンボジアにボランティアに行き、小学校建設の手伝いをしました。

話には聞いていたものの、現地にはまともな校舎があまりなく、子供たちは雨露をしのぐだけのバラック小屋で、あるいは青空の下に机を置いて勉強していました。自分がいかに恵まれた環境で勉強してきたのかを実感し、もっと広く世界のことを知らなければと思いました。

哲学者、デカルトは「世界という書物のなかで研究し、いくらかの経験を得ようと努めた」と言っています。また、小又先生によれば、アメリカの教育者、オルコットは「書物よりも見聞、地位よりも経験が第一の教育者である」と語ったそうです。

私たちには、自分の目で見て、現実を知り、目の前の現実を何かに変える力が備わっています。ボランティア体験をすることで、大学を出たら、勉強をしたくても十分にできない世界の子供たちを助けるような仕事に就きたいと思うようになりました。

　ただ、明治の実業家の渋沢栄一は、「あまり見聞のみを博くしても、その人に取捨の見識がなければ、選択の見当がつかなくなって迷うようになるものだ」とも言っています。単に見聞だけ広めればいいと思っていた私には有意義な言葉でした。見識も必要なのです。見識のある人間になる努力もしていくつもりです。

Before

デカルトは「最高の学問とは、世間という厖大な書物から学ぶことである」と言っています。

オルコットは「書物よりも見聞、地位よりも経験が第一の教育者である」と語ったそうです。

Level up

権威に頼らず、自分で考え抜く

文例ではまずデカルト、オルコットの言葉を引用しています。しかし、ここで書き手の言いたいことは、自分の目で世界を見ることの大切さを実感したということです。そして、実際に見たこと、つまり体験をもとに書いています。書物から言葉を引用するよりも、体験で語ったほうが、説得力があります。どうしても使いたいのなら、同じ内容なのですから、どちらか一つにします。

会話でもそうですが、自分と同じ考えや意見を有名人が言っていると、「あの人もそう言っていた」とつい持ち出したくなります。「あそこのそばは本当においしい。池波正太郎もしばしば通っていたというから、味は保証付きだ」

これに類した文章はよくあります。自分がうまいと思った。それを伝えたい。そこまではいいのですが、なぜかそこで有名人の話を持ち出したくなる。

権威に頼ろうという気持ちは、だれでも多少はあるかもしれません。しかし、もし自分で考え抜いたこと、自分で経験して本当に感じたことであれば、偉人や有名人の言葉の助けを借りなくても、説得力のある文章は書けるはずですし、自分の言葉だけで相手にそれが伝わるはずです。

ただし、適切に使えば、効果的なこともあります。国語学者の中村明が、「生きざま」という言葉について論じたコラムがあります（朝日新聞・2015年2月14日）。

ここで著者は、「生きざま」という言葉を使うのには抵抗感が強いということを言うために、大岡信と谷川俊太郎の発言を引用して、「『生理的な次元』で『生きざま』という語はどうしても使いたくないと谷川が言うと、大岡も『聞いた瞬間にだめになっちゃうことば』と同感した」と書いています。大岡も谷川も詩人で言葉の専門家ですから、権威ある人と言っていいでしょう。説得力を増す有効な使い方と言えます。

話は逸れますが、この「生きざま」について、丸谷才一も「わたしは実生活でも作品のなかでも、『生きざま』を使ったことはありません。わたしの尊敬する文学者たちも使はないやうです」(『丸谷才一の日本語相談』)と書いています。最近は「何々の生きざまを描く」というような形でよく使われていて、これを肯定する辞書もあるようです。ちなみに『広辞苑第六版』では、「死に様」の類推から生まれた語で、「自分の過ごして来たぶざまな生き方」が転じて「人の生き方」になったとしています。この辞書では、「ぶざまな生き方」の意味ととらえています。「何々の生きざまを描く」というのは、本来は何々のぶざまな生き方を描くということになるのです。

文例では、後半に渋沢栄一の言葉も引用しています。「私には有意義な言葉でした」とありますから、この引用は生かすことにします。

Before

哲学者、デカルトは「世界という書物のなかで研究し、いくらかの経験を得ようと努めた」と言っています。また、小又先生によれば、アメリカの教育者、オルコットは「書物よりも見聞、地位よりも経験が第一の教育者である」と語ったそうです。

文例 20 After

カンボジアボランティア体験

この夏、教育学部の小又教授の紹介でカンボジアにボランティアに行き、小学校建設の手伝いをしました。

話には聞いていたものの、現地にはまともな校舎があまりなく、子供たちは雨露をしのぐだけのバラック小屋で、あるいは青空の下に机を置いて勉強していました。自分がいかに恵まれた環境で勉強してきたのかを実感し、もっと広く世界のことを知らなければと思いました。

子供たちは厳しい環境でも、目を輝かせて勉強しています。現地の先生は、「生徒たちはみんな勉強したいと思っています。みなさんがこうして建物の建設に力を貸してくれて、感謝しています。でも、筆記具も教材も十分ではないのです」と言います。それを聞いて、来年もここに来よう、今度はアルバイトをして、筆記具なども持って来よう

私たちには、自分の目で見て、現実を知り、目の前の現実を何かに変える力が備わっています。ボランティア体験をすることで、大学を出たら、勉強をしたくても十分にできない世界の子供たちを助けるような仕事に就きたいと思うようになりました。

と思いました。

私たちには、自分の目で見て、現実を知り、目の前の現実を何かに変える力が備わっています。私もボランティア活動で見聞を広め、教室では学べないことを学びました。実際に経験することの大切さを知りました。そして、大学を出たら、勉強をしたくても十分にできない世界の子供たちを助けるような仕事に就きたいと思うようになりました。

ただ、明治の実業家の渋沢栄一は、「あまり見聞のみを博くしても、その人に取捨の見識がなければ、選択の見当がつかなくなって迷うようになるものだ」とも言っています。見聞だけ広めればいいと思っていた私には有意義な言葉でした。見識も必要なのです。見識のある人間になる努力もしていくつもりです。

❗ 翻訳文のような書き方をしない

海外のニュースを速報的に紹介するサイトや翻訳本を読むと、日本語としてこなれていない場合があります。直訳のような文章、日本語にはない表現の仕方などです。

イチロー選手についてのある日のネット記事で、アメリカの記者のコメントを紹介するのに、その記者が「1年ほど前、私はイチローが苦痛にも3000本に到達せずキャリアを終えると予想していた」と語ったと書かれていました。これは明らかにおかしな訳で、「苦痛にも」とはどういうことかと悩んでしまいます。原文がわからないので、推測するしかないのですが、おそらく、「つらいことだが」、「残念なことに」というような内容だったのでしょう。

自動翻訳や、日本語としてこなれていない翻訳文に慣れてしまうと、いつの間にかおかしいと感じる感覚も薄れていくので注意が必要です。英文を読んでいる学者や学生が、その影響を受けて、翻訳調の文章を知的なものと思い込んで書く場合もあります。

「わたしはまず最初に、初期ギリシア思想家たちとの間の『コスモス』をめぐる対話を始めるだろう」

これはある学者の著書の序文の一文です。翻訳文ではありません。これから自分が書く内容について、「だろう」と書いています。これなどは、「対話を始めない場合もあるのか」、「対話を始めたからこうして1冊の本になったんだろう」と突っ込みたくなります。

おそらく著者は外国語の文献を多く読んでいる人で、その表現の影響を受けているのではないかと思います（この場合、英語の「will」あるいは「shall」の直訳の影響ではないでしょうか）。日本語ではふつうこのような言い方はしません。それが格調高い文章だと勘違いする学生などもいるようですが、これから宿題をするというときに、「お母さん、ぼくはこれから宿題をするだろう」などと言ったら、「なんでもいいからさっさとやりなさい」と叱られるでしょう。

文例 ㉑ Before

電子書籍は是か非か

今最も売れている作家の一人、元崎風太は、彼の最新エッセイ『本の行方』の中で、デジタル化されたものを端末で見るところの電子書籍には反対であると書いている。しかし、彼は彼の作品が電子書籍になることを拒んではいない。このことについて彼は、同書で「読者の要望があるならば、私の個人的な見解はさておき、応えねばならぬと思うからである」と書いている。このような曖昧な見解には私は納得できない。

Before

彼の最新エッセイ『本の行方』の中で、デジタル化されたものを端末で見るところの電子書籍には反対であると書いている。

彼は彼の作品が電子書籍になることを拒んではいない。

このことについて彼は、同書で「読者の要望があるならば～」と書いている。

Level up

翻訳調は「間抜けじみたもの」（里見弴）

文例の「端末で見るところの電子書籍には反対である」を見てみましょう。英語の関係代名詞を文法通りに訳す場合、「ところの」と言ったりしますが、日本語では通常、そのような言い方はしません。

次に「彼の最新エッセイ」の「彼の」は不要です。また、「彼は彼の作品が」とあります。この「彼は」は「拒んではいない」のは「彼」だとわかりますから、なくても問題はありません。その下の「彼の」は、英文では「his」と表記され、それをそのまま訳すと「彼の」となります。そのように訳す習慣が身についてしまうと、「彼の」と書いてしまうのです。ふつう日本語で書く場合、「彼は自分の作品が」と書きます。「このことについて彼は」の「彼は」も「同書で」とあるのですから、書かなくてもいい。

このような人称代名詞は英文では表記されますが、日本文では書か

なくても意味がわかることが多いのです
小田急線の車内の「お願い」の掲示に「駅構内や車内で不審者・不審物を見かけた際は、駅係員または乗務員までお知らせください」とあり、下に英文もありました。そこには「when you see」と書かれています。英文では「you」が必要ですが、日本の文章では、「あなた(you)」がなくても、みんな意味を理解しますし、「あなたが見かけた際は」としたら、変な文章になってしまいます。作家の里見弴は『文章の話』で、翻訳調の「この『彼は彼の……』式文章」は、「ずいぶん、うるさい、間抜けじみたものになる」と言っています。

もう一つ、「『本の行方』の中で」の「の中」もとりましょう。これも「in」に影響されているかもしれません。「～において」という表現もたまに目にします。これも同様です。いずれも「～で」で済みます。英語の辞書で「in」をひくと、「……の中」「……において」と書いてあり、学校ではそれに従って訳せばマルで、いつの間にかそういう表現をするようになったのかもしれませんし、このような回りくどい表現のほうが、重みがあると思い込んでいるのかもしれません。

　また、英語の言い回しの影響と思える言葉で、最近、よく耳にするのが、「この店で最も売れているものの一つ」という類のものです。例文の冒頭でも「最も売れている作家の一人」と使われています。ほかにも「最も優れたもののうちの一つ」などという言い方がされます。「最も」がいくつもあるのです。

　「最も」という言葉の意味は、「いちばん」、「これより上がない」です。「彼がクラスで最も足が速い」といえば、いちばんは彼一人なのです。これは推測ですが、「He is one of the best baseball players」というような英文を、「彼は最もすぐれた野球選手の一人です」と訳してしまい、それと同じ感覚で「最も」を日本文で使うようになったからでしょう。ちなみに、「one of the best」は「一流の」「屈指の」「トップクラスの」という意味で、「彼は最もすぐれた野球選手の一人です」とは訳さず、「彼はトップクラスの野球選手です」と訳します。

Before
今最も売れている作家の一人、元崎風太は、彼の最新エッセイ『本の行方』の中で、デジタル化されたものを端末で見るところの電子書籍には反対であると書いている。しかし、彼は彼の作品が電子書籍になることを拒んではいない。このことについて彼は、同書で

文例 21 After

電子書籍は是か非か

ベストセラー作家、元崎風太は、最新エッセイ『本の行方』で、デジタル化されたものを端末で見る電子書籍には反対であると書いている。しかし、自分の作品が電子書籍になることを拒んではいない。このことについて同書で「読者の要望があるならば、私の個人的な見解はさておき、応えねばならぬと思うからである」と書いている。このような曖昧な見解には私は納得できない。

内容に矛盾がないか確かめる

ひらめきや思いつきで文章を書くと、一つの文章の中で、言っていることが矛盾してしまうことがあります。「Aは赤でなく白だ」と言っている同じ文章で、「Aは白でなく赤だ」と言ったりしてしまうのです。これでは、書き手に対する信頼度はゼロです。

矛盾した内容で読み手を混乱させないために、書く内容を事前にある程度整理しておきましょう。取り上げるテーマ、話題を決め、それに対する自分の主張を明確にします（賛成なのか反対なのか中立なのかなど）。そして、この主張をわかりやすく読み手に伝え、納得してもらうには、どのような展開で話を進めていけばいいのかを考えてから書き始めます。頭で展開を描くだけでもかまいません。展開の仕方などを簡単なメモ書きにしておくのもいいでしょう。

文例㉒ Before

『善人は眠れない』がX賞を受賞

ぼくの大好きな映画監督黒川明子の『善人は眠れない』がX賞を受賞しました。

彼女の作品のよさは独特の雰囲気にあります。『善人は眠れない』では、どの登場人物も格好つけているようでいて、自然体でひたむきに生きています。映像はドキュメント風に淡々と流れていきます。あの雰囲気がすばらしい。

今年のX賞では、『善人は眠れない』と東木栗人監督の『許してください』の争いになると噂されていました。実際、いずれも興行成績はよく、好評でした。映画評論家の日下部邦夫は、「『許してください』は、作品に流れる雰囲気で『善人は眠れない』に勝っている。これに尽きる」と、東木作品を推していました。彼は映画をわかっているのでしょうか。映画を雰囲気だけで論じてはいけないと思います。

Level up

矛盾があったら書き改める

文例では「あの雰囲気がすばらしい」と言っておきながら、最後の文では「雰囲気だけで論じてはいけない」と主張しています。読み手に「どっちなんだよ」「自分だって雰囲気で論じているじゃないか」と思われてしまいます。

このような矛盾はわかりやすい例ですが、実際には、気づかないうちに矛盾が生じていて、その結果、いい加減な論の進め方をしている文章があります。特に長い文章で複雑な話を展開していると、書き手が気づかないまま矛盾に陥ってしまうことがあるのです。

主張したいこと、訴えたいことを読み手に理解してもらおうとする場合、書いている途中はもちろん、推敲時にも、説明に矛盾がないかを必ずチェックしましょう。

もっとも、事前に整理し、展開を考えていても、書き進めるうちに、当初考えた展開ではうまくいかなくなることもありますし、もっとよい展開が浮かぶこともあります。冒頭に「Aが正しい」とまず結論を書いたのに、いろいろ調べて書き進めるうちに、反対の結論に至ってしまうこともあります。それに気づいたら、書き改めます。書き改めるのは面倒だと、無理に辻褄を合わせようとすると、結局、牽強付会《けんきょうふかい》になり、もっとおかしな文章になります。

文例では、X大賞とはどのようなものか、その説明も一言入れておくと、読み手に親切です。

Before
彼女の作品のよさは独特の雰囲気にあります。『善人は眠れない』では、どの登場人物も格好つけているようでいて、自然体でひたむきに生きています。映像はドキュメント風に淡々と流れていきます。あの雰囲気がすばらしい。

文例㉒ After

『善人は眠れない』がX賞を受賞

ぼくの大好きな映画監督黒川明子の『善人は眠れない』が、日本映画界で最も権威のあるX賞を受賞しました。

『善人は眠れない』では、どの登場人物も格好つけているようでいて、自然体でひたむきに生きています。映像はドキュメント風に淡々と流れていきます。あの落ち着いた雰囲気は彼女の作品独特のもので、すばらしい。しかし、何の意図もなく、自然の流れで展開しているような映像と物語は、実は綿密に計算されているのだと思います。だからこそ、生きることの怖さと、それを乗り越える人の強さが、観客にしっかりと伝わってくる。監督のその意図が、ごく自然に観客の心に入ってくるように丹念に作られた作品なのです。

今年のX賞では、『善人は眠れない』と東木栗人監督の『許してください』の争いになると噂されていました。実際、いずれも興行成績はよく、好評でした。映画評論家の日下部邦夫は、「『許してください』は、作品に流れる雰囲気で『善人は眠れない』に勝っている。これに尽きる」と、東木作品を推していました。彼は映画をわかっているのでしょうか。映画を雰囲気だけで論じてはいけないと思います。

！ 立場や視点がぶれないように書く

立場や視点が定まらない文章は、読み手の理解を得られません。特に賛否を述べる文章では、自分の立場を定めたら、ぶれずに書くことです。

また「ある事柄のいい面と悪い面の両方を書きたい」という場合は、まずAの視点で論じ、次にBの視点で論じ、最後に結論を書くといいでしょう。たとえば、富士山を題材に書く場合、まず「富士山の景色はすばらしい」という視点でその魅力を述べ、次に、「しかし、視点を変えて見てみると、富士山は恐ろしい」と、自然災害の視点から富士山の噴火の歴史や、噴火した際の被害について説明し、「結局、私が思うには、日本人にとって富士山は」という形でまとめるというものです。

立場や視点を変えながら論じるときは、自分の考えを整理しておくと同時に、文章の節目で、別の立場や視点で書き進めることを読み手にわかるように表現して、論を進めることが大切です。

文例 ㉓ Before

市の歴史遺産を守ろう

今、市民の間で二つに分かれて議論が展開されている。S地区に市営の娯楽施設を建設するかどうかだ。私は反対である。反対派のみなさんの意見も私と大体同じだ。S地区は、江戸時代の陣屋の門がそのまま残っているところである。そこを壊せば市の歴史遺産は皆無となる。そうなってはいけないというのが、反対理由である。

建設計画では門自体は場所を少し移動させ、保存し、娯楽施設の一部とするという。しかし、それでは博物館の展示と同じだ。門の裏の土手、その横の池などを含めたものが、当時のままの歴史遺産なのだ。門だけ残し、土手や池を壊したらその価値は半減する。半減どころではないだろう。

一方、この娯楽施設が市の商店街を活性化させるのも事実だ。賛成派の論拠の一つはそれで、門に続く商店街はシャッター通りとなりつつあり、娯楽施設建設は経営に苦しむ多くの商店主の救済となる。また、土手で遊んでいた子供が池に落ちて溺死した事故もあり、そのような危険な場所を放置しておくのも問題である。

娯楽施設の建設は、市民の生活と子供たちの生死がかかった問題とも言える。歴史遺産も大切だ。しかし、市民の生活、子供たちの命と比べたら、どちらが優先されるべきか、自ずと明らかである。今の人間の生活や命を犠牲にしても守るべき歴史遺産などないと言えば、言い過ぎだろうか。

いろいろな立場があるわけで、そのへんのことを市長や市の担当者はどう考えているのか。熟慮して最良の選択をしてもらいたい。

Before

私は（娯楽施設の建設に）反対である。反対派のみなさんの意見も私と大体同じだ。
←
一方、この娯楽施設が市の商店街を活性化させるのも事実だ。
←
土手で遊んでいた子供が池に落ちて溺死した事故もあり、そのような危険な場所を放置しておくのも問題である。
←

Level up

賛成と反対の意見を考えた上で自説を明確にする

文例では、冒頭で娯楽施設の建設に「私は反対である」と書き、その理由について書いていますが、後半では賛成派の人たちの事情も書いて、歴史遺産よりも賛成派の人たちの言うことのほうが大切だという方向に話を進めています。

読み手は、「私は反対である」を読んで、「反対なんだな。その理由をこれから説明し、納得させてくれるんだな」と思って、読み進めます。そして、反対の理由が次にきて、その次に賛成派の主張を書いています。ここまでは対立する意見も紹介するということで問題ありません。

ところが、いつの間にか「今の人間の生活や命を犠牲にしても守るべき歴史遺産などないと言えば、言い過ぎだろうか」と、賛成派を代弁するようなことを書いています。ここまで読んで、「あれ、著者は反今の人間の生活や命を犠牲にしても守るべき歴史遺産などないと言えば、言い過ぎだろうか。

←

市長や市の担当者はどう考えているのか。熟慮して最良の選択をしてもらいたい。

対派じゃなかったのかな」と、読み手は戸惑います。書き手の立場がぶれていて、読み手が混乱する文章になっているのです。そして、最後には市長や市の担当者に下駄を預けてしまいます。

基本的には娯楽施設の建設に反対なのだが、賛成派の人の事情も無視できないという立場にあるなら、歴史遺産を壊すのはいけないという立場を堅持しつつ、賛成派の言い分も十分に考え、結論としてやはり反対だとすれば、立場にぶれはなくなります。

文例 ㉓ After

市の歴史遺産を守ろう

今、市民の間で二つに分かれて議論が展開されている。S地区に市営の娯楽施設を建設するかどうかだ。私は反対である。反対派のみなさんの意見も私と大体同じだ。S地区は、江戸時代の陣屋の門がそのまま残っているところである。そこを壊せば市の歴史遺産は皆無となる。そうなってはいけないというのが、反対理由である。

建設計画では門自体は場所を少し移動させ、保存し、娯楽施設の一部とするという。しかし、それでは博物館の展示と同じだ。門の裏の土手、その横の池などを含めたものが、当時のままの歴史遺産なのだ。門だけ残し、土手や池を壊したらその価値は半減する。半減どころではないだろう。

賛成派のみなさんの意見もわからないでもない。この娯楽施設が市の商店街を活性化させるのも事実だ。賛成派の論拠の一つはそれで、

Before

娯楽施設の建設は、市民の生活と子供たちの生死がかかった問題とも言える。歴史遺産も大切だ。しかし、市民の生活、子供たちの命と比べたら、どちらが優先されるべきか、自ずと明らかである。今の人間の生活や命を犠牲にしても守るべき歴史遺産などないと言えば、言い過ぎだろうか。

いろいろな立場があるわけで、そのへんのことを市長や市の担当者はどう考えているのか。熟慮して最良の選択をしてもらいたい。

門に続く商店街はシャッター通りとなりつつあり、娯楽施設建設は経営に苦しむ多くの商店主の救済となる。また、土手で遊んでいた子供が池に落ちて溺死した事故もあり、そのような危険な場所を放置しておくのも問題である。

娯楽施設の建設は、市民の生活と子供たちの生死がかかった問題であり、それらと比べたら、歴史遺産を犠牲にすべきだと賛成派は言う。確かに商店街の人たちの生活、子供の命は大切である。しかし、商店街の活性化の方法はそれしかないのだろうか。商店主と市がもっと考えれば別の方法があるのではないか。全国には知恵を絞って復活した商店街もある。池の問題は、子供が絶対に入れないような対策を講じれば、それで解決するのではないか。市長や市の担当者はもう少し知恵を絞ってほしい。

いろいろ事情があるだろうが、だからといって、あの遺産を壊していいとは考えない。一度壊したらもう戻せないのだ。歴史遺産というのはそういうものだ。

❗ 感情むき出しの文章を書かない

読み手が何かを読む目的は、情報を得る、感動する、暇をつぶす、勉強するなどいろいろあります。その際、読み手が感覚的に不快だと思う文章だったらどうでしょう。たとえ情報が得られたり、勉強になったりするとしても、この書き手の文章はもう読みたくないと思われても仕方ありません。当然、感動などはしません。

読み手が不快だと感じるケースで多いのが、書き手の感情がむき出しになった文章です。怒りや悲しみなど強い感情を抱いた直後に思いつきで書いたり、深く考えずにまとめたりすると、書き手が思っていた以上に感情があらわに伝わり、読み手を不快にしてしまいます。「偉そうにそんなふうに書いているが、お前はどうなんだ」と反発されることもあります。強い怒りを感じたときは、すぐに書くことは控え（どうしても書きたいならメモ程度に）、感情が静まってから書き進めるといいでしょう。

また、勢いだけで書き進めると、書き手の思いが先走るばかりで、説得力のない文章になりがちです。書くときは、考えながら書き、書く手を止めて考えるという作業を繰り返すことが必要です。もちろん、調子よくすらすらと進んでいくときもあります。そのようなときは流れを大切にする上で、いちいち考えずに、勢いに乗って書き進めるのもいいですが、そのような場合でも、一息ついたら読み直し、おおげさな表現はないかなど、考えながら手を入れる。そうすることで、文章はよりよくなります。

自分の主張に自信があればあるほど、感情的な文章になっていないか、読み手になったつもりで確認します。

文章というものは、一度公表すればそのまま残ります。最後まできちんと読んでもらい、また、これからも読んでもらうためにも、不快感を与えず、自然に読み進められる文章を心がけることが大切です。

文例 ㉔ Before

犬の散歩に物申す

おい、犬の飼い主。クズ人間。むかつくんだよ。犬を散歩させるのはおまえらの勝手だ。しかし、食って糞をたれるしか能がないお前らのバカ犬が、道で糞をしたら、その始末は飼い主がきちんとしろ。

昨日、新品の靴で糞を踏ん付けて、転びそうになったじゃないか。踏みとどまったからいいが、転んでいたら、糞の上にひっくりかえっていたんだ。やばかったんだぞ、コノヤロー。靴は糞まみれだ。

猫は、用を足したら砂をかけるだろう。バカ犬は自分の糞の後始末ができないんだから、飼い主の責任なんだよ。それができないなら、バカ犬も飼い主のおまえらも、猫以下ってことだ。犬が飼いたいなら家で飼え。そして、バカ犬に家で糞をさせて始末せず、その中で生活してみろ。無責任なクズ人間には、それがぴったりだ。そうすれば、糞まみれになりそうだった俺の気持ちがわかるかもしれない。

Before
おい、犬の飼い主。クズ人間。
食って糞をたれるしか能がないお前らのバカ犬が、道で糞をしたら、その始末は飼い主がきちんとしろ。

Level up

下品な言葉や俗語は不快感を持たれる

この文例、書き手の怒りはよく伝わりますが、かなり品がない。たとえば、犬の飼い主を十把一絡げにして「クズ人間」としています。「自分はクズではなくて、犬の飼い主はクズ人間」という構図になっていて、独善的です。また「クズ」「バカ」といった下品な言葉が使われています。小説の喧嘩のシーンなどで会話文に使うならいいでしょうが、随筆など広く読まれる文章では、このような言い方は、読み手に嫌悪感を与えることが多いし、おもしろくもありません。下品な表現は、当初は特定の人におもしろがられることがあっても、結局は飽きられたり、嫌悪感を持たれたりします。それが個性的な書き方だと思っている人もいますが、下品な言葉は決して文章の個性にはなりませんので、不特定多数の人に読んでもらう文章では避けます。

また、「むかつく」「やばい」といった俗語も、文章で使うと下品になります。俗語とは日常会話で使われるくだけた感じの卑俗な言葉で、最近はメールなどでもよく使われています。中には「イマイチ」や「イチオシ」のように雑誌などでふつうに使われ、読み手も特に下品と感じないで読んでいる俗語もあります。

俗語を自分の文章に使うかどうか、その俗語を使っても問題ないと感じるかどうかは、書き手の感性によりますが、文章ではだれがどう感じるかわからないので、できればなるべく使わないようにします。

「じゃないか」「だぞ」「だよ」といった会話調の言葉も同様です。うまく使えば、読み手に語りかけるような文章になり、読みやすさや親しみやすさにつながりますが、反対に読み手に不快感を抱かせることもあります。

犬の散歩に物申す

人の迷惑を考えない犬の飼い主は、実に腹立たしい。犬を散歩させるのは仕方ないとして、その糞の始末は飼い主の責任ではないか。それなのに、始末をしない飼い主がいる。私が毎日使う道でも週に1、2回は放置された糞を見かける。無責任な飼い主が多いということだ。おかげで先日、新品の靴で踏んで、転びそうになった。この嫌な気持ち、悔しい気持ち、飼い主にわかるだろうか。

犬に始末をしろといっても無理な話なのだから、飼い主がきちんと持って帰らなければいけない。それが常識だ。それができないのなら、犬を飼うべきではない。あるいは散歩に連れ出すべきではない。

犬の糞を平気で放置する飼い主は自分のことしか考えない人間なのだろう。血統書付きのどれほど高い犬を連れていても、どれほど高価で上品な服を着ていても、その飼い主の顔は醜く見えてしまう。

！具体的な言葉や表現を使う

何度も言いますが、文章は特別の意図がない限り、できるだけわかりやすく書くことが大切です。そして、わかりやすさを求めるなら、抽象的な表現よりも具体的な表現を心がけます。

たとえば、「果物」という名詞は、「食べ物」という名詞と比べたら具体的です。しかし、もしだれかから「果物を買ってきて」と言われたら、りんごなのかバナナなのかわからず困ってしまいます。「食べ物」より「果物」、「果物」より「りんご」や「バナナ」のほうが具体的で、「バナナを買ってきて」と言われたら、迷いません。「青森産のりんご」「まだ青みが残った台湾産のバナナ」となると、さらに具体的になります。このように、具体的に表現すればするほど、読み手はわかりやすく、イメージもしやすくなります。

名詞だけに限りません。たとえば、お腹が痛くて病院へ行くと、医師はどのようにお腹が痛いのかと聞くでしょう。ただ痛いだけでは漠然としているので、より具体的な説明を求められるのです。そこで患者は、痛さの程度を言う場合は、なんとなく痛い、ものすごく痛い、死にそうに痛いなどと表現するでしょうし、痛さの種類で言う場合は、シクシク痛い、ズキズキ痛い、差し込むように痛いなど、なるべく正確に痛みを伝えようとするでしょう。医師はそれを診断の参考にするわけです。より具体的に正しく伝えられれば、その分、医師も患者の痛みを理解することができ、診断がより正確になります。

同様に、文章もよりわかりやすく、より正確に伝えるために、具体的に書くことが基本となります。もちろん、分量の制約がある場合、それに従わなければなりませんし、あまり詳しくなくても十分伝えられることもあります。

文例㉕ Before

公園でのほほえましい光景

男性が公園のベンチに座り、カバンを膝にのせて砂場を眺めていた。砂場では子供たちが遊んでいる。別に子供の遊びに興味があるようでもない。時間をつぶしているのだろう。

しばらくすると、老夫婦がゆっくりと歩いてきた。男性は老夫婦の顔を見て、笑顔を浮かべた。待ち合わせをしていたようだ。男性はカバンからペットボトルを取り出し、老夫婦に渡した。三人はベンチに並んで座り、ペットボトルを飲みながら、会話を始めた。老夫婦は男性の話を聞きながら、嬉しそうに微笑んでいる。公園でのほほえましい光景だった。

Level up

色や形、内容を正確に伝えていく

文章の中のあらゆることを具体的に書けというわけではありませんが、読み手に伝えるために必要なことは、なるべく正確に書きます。中には具体的な要素をある程度取り払って、読む人の想像力に任せるという文章もあります。「思わず目にとまった美しい人」とだけ書いて、美しさの内容をあえて具体的にせず、読み手それぞれが思う美しい人を想像してもらってもいいのです。

文例では、「カバン」「男性」「子供」「老夫婦」「ペットボトル」などの言葉がありますが、すべて抽象的です。何色のカバンなのかわからないですし、男性や老夫婦は何歳くらいで、どのような様子なのかもわかりません。どんな時期のどんな時間帯の話かもわかりません。これらを具体的に書くことで、読み手は情景を明確に描くことができるのです。

Before

男性が公園のベンチに座り、カバンを膝にのせて砂場を眺めていた。砂場では子供たちが遊んでいる。

老夫婦がゆっくりと歩いてきた。

男性はカバンからペットボトルを取り出し、老夫婦に渡した。三人はベンチに並んで座り、ペットボトルを飲みながら、会話を始めた。

文例㉕ After

公園でのほほえましい光景

紺のスーツ姿の20代くらいの男性が、公園のベンチに座り、茶色の革製のカバンを膝にのせて砂場を眺めていた。砂場では小学の低学年くらいの男の子が三人、穴を掘ったりして遊んでいる。別に子供の遊びに興味があるようでもない。時間をつぶしているのだろう。

しばらくすると、共に白髪で70歳くらいの老夫婦が手をつないでゆっくりと歩いてきた。男性は二人の顔を見て、笑顔を浮かべた。待ち合わせをしていたようだ。男性は「おばあちゃん」と言って女性の手を取り、ベンチに座らせた。男性の祖父母のようだ。三人は祖母をまんなかにして並んで座った。男性はカバンからお茶のペットボトルを取り出し、老夫婦に渡した。それを飲みながら、会話を始めた。老夫婦は男性の話を聞きながら、嬉しそうに微笑んでいる。春の午後の温かい陽射しが注ぐ公園での、ほほえましい光景だった。

！推量の言葉を使いすぎない

推量とは「だろう」「ようだ」「かもしれない」など、断定をせず、予測を表す言葉です。たとえば、「危険度が高まるであろう」「危険度が高まると思われる」というようような表現を多用すると、あいまいな文章になり、『危険度が高まる』と言いきれないのか」などと読み手を苛立たせます。場合によっては、書く内容に自信がないのだと思われてしまい、悪い印象を与えてしまうこともあります。

もちろん、自信のないことを表現する場合は、推量を使ってかまいません。天気予報で「明日は雨になるだろう」と気象予報士がいうのは、一〇〇％確実なことではないし、気象予報士が「明日は雨だと断言できる」と思っても、未来のことである以上、推測の域を出ませんから、この場合は「だろう」「でしょう」を使うべきです。「べきです」というのは、テレビで天気予報を見ていると、「明日は晴れです」などと自信を持って話す気象予報士がいて、次の日、雨ということがたまにあるからです。

文例 26 Before

早期の英語教育を

　駅に行く途中、私より背が高く、威圧感のある大男が突然目の前に現れた。色白で毛が濃く、外見から判断して、外国人だろうと思われる。彼は私に向かって英語を喋り出した。駅までの道を聞いているようだ。

　残念なことに、きちんと対応ができなかった。私は英語ができないからだ。日本も近年、外国人観光客が増えていると言われているようだ。ニュースによれば、年間の訪日旅行者数が２０００万人を超えたそうだ。日本にいながら、英語を喋る機会が増えるのだろうか。

　こういう現状を考えると、英語教育は早期に始めることが大切だろう。幼稚園や保育園に入ったら、最初に英会話を学ばせるべきだと思われる。

Level up

Before

色白で毛が濃く、外見から判断して、外国人だろうと思われる。

日本も近年、外国人観光客が増えていると言われているようだ。ニュースによれば、年間の訪日旅行者数が2000万人を超えたそうだ。

推量と断定を並べて使わない

文例にはまず「外国人だろうと思われる」とあります。「だろう」という推量に、「思われる」という言葉を重ねています。「思われる」の「れる」はこの場合、自然にそのようになるという自発の意味で、「自然にそのように思えてくる」という、あいまいな言い方です。「だろう」という推量に加えて、「思われる」というあいまいな言い方もしているわけで、自信のなさが増してしまいます。外見や英語を話すことから、書き手も外国人と思っているのですから、「外国人だ」と言い切るか、「外国人だろう」くらいにしておきます。

次に「外国人観光客が増えていると言われているようだ」。次の文に「2000万人を超えた」とあり、書き手は増えているのを知っているのですから、「増えている」と断定してもかまいません。それなのに、主語があいまいな「言われている」を使い、その上、「ようだ」という幼稚園や保育園に入ったら、最初に英会話を学ばせるべきだと思われる。

推定、不確実な断定の助動詞をつけてあいまいさを強めています。

さらに、「学ばせるべきだと思われる」。「べきだ」と断定しておきながら、すぐあとに「と思われる」を使っています。「思う」なら、自分の意志だと伝わりますが、「思われる」は「自分から積極的にはそれほど思っていないので」という気持ちがうかがえます。断定を避ける言い方ばかりだと、「自分の主張に自信がないのではないか」と、書いたものに対する信頼を損なってしまいます。

また、文例には「私より背が高い大男」とあります。これについても触れておきます。これだけでは「私より背が高い」ということはわかっても、実際にどのくらい大きいのかがわかりません。私の身長が150センチで、相手が160センチだとしたら、私に対して威圧感はあっても、決して大男とは言いきれません。説明不足であいまいな内容となっているのです。

このようなあいまいな表現は、内容が正確に伝わらないばかりか、相手に誤解を与えてしまうことにもなります。

文例㉖ After

Before

駅に行く途中、私より背が高く、威圧感のある大男が突然目の前に現れた。

日本も近年、外国人観光客が増えていると言われているようだ。

幼稚園や保育園に入ったら、最初に英会話を学ばせるべきだと思われる。

早期の英語教育を

駅に行く途中、突然、男が目の前に現れた。身長170センチの私より背がかなり高く、威圧感がある大男だ。色白で毛が濃く、外見から判断して外国人だ。彼は私に向かって英語を喋り出した。駅までの道を聞いているようだ。

残念なことに、きちんと対応ができなかった。私は英語ができないからだ。日本も近年、外国人観光客が増えている。ニュースによれば、年間の訪日旅行者数が2000万人を超えたそうだ。日本にいながら、英語を喋る機会が増えるのだろうか。

こういう現状を考えると、英語教育は早期に始めることが大切だ。幼稚園や保育園に入ったら、最初に英会話を学ばせるべきである。

第5章

文章を推敲して仕上げる

5章のポイント

指定された字数にまとめる
できるだけ内容を深める
取材記事を書く
ノンフィクションを書く
下書きから入稿まで

文章を人に頻繁に読んでもらうようになると、思いがけず「原稿を書いてもらえませんか」という声がかかることがあるかもしれません。掲載されるものの内容や条件を聞いて、自分が書きたいと思えば、挑戦してみましょう。原稿は人に見せることによって上達するという面があります。ここでは指定された文字数でまとめたり、内容を深めたりして、文章の完成度を高めることについて取り上げます。

❗指定された文字数におさめる

原稿を何かに投稿する、あるいはどこかから依頼される際は、分量を指定されることがほとんどです。4000字と言われているのに、書いてみたら8000字になったからといって、そのまま送ってはいけません。「指定の倍の量になりました。すみませんが、全部載せてください」というわがままは通用しないのです。

ちなみに、はじめは指定文字数よりも多めに書き、推敲で縮めていく作業をすると、締まった文章になります。

文例 27 Before

インタビュー　私の趣味と健康法

テレビのコメンテーターとして活躍する大文字由雄さんに趣味と健康法について話を聞きました。大文字さんは、次のように話します。

「私の趣味はゴルフ。月3回はプレーしています」

ゴルフのどんなところが好きなのでしょう。

「大自然の中で知人と話しながらできるところですね。これが最大の魅力です。それにプレーのあとのビール。格別です」

プレー後のビールが楽しみだそうです。また、ゴルフの腕を上げるため、ふだんもなるべく歩くようにし、体力増進に努めているそうです。

「ウォーキングは健康法もかねて10年間続けています。

手軽に続けられるので、健康法としてはいいですね。私は愛犬とともに、毎朝約1時間休まず歩きます」

歩くコースは決まっているのでしょうか。

「自宅の近くに川があり、遊歩道を約4km歩いています。朝の空気は爽やかで、川沿いは草木も豊富なのでストレスの発散にもなります」

毎朝のウォーキングには、気持ちをいい状態に整える効用もあるようです。

「日中はオフィス街で過ごしていますから、仕事以外の時間はできる限り自然と接するようにしているのです。四季の変化も楽しめます」

Before
テレビのコメンテーターとして活躍する大文字由雄さんに趣味と健康法について話を聞きました。大文字さんは、次のように話します。
「私の趣味はゴルフ。月3回はプレーしています」
「私は愛犬とともに、毎朝約1時間休まず歩きます」

Level up

制限字数にまとめることで文章が上達する

文例は25字詰め（1行が25字）で23行になっていますが、実際に指定された原稿は12行以内だった場合、11行余計です。どうすればいいでしょうか。

文章を削る際に最初にすることは、削除しても内容が変わらない言葉を削除していくことです。

冒頭の「大文字由雄さんに～話を聞きました」と「大文字さんは、次のように話します」の文。「大文字さんに話を聞いた」とあるのですから、次にくるコメントは大文字さんのものとわかります。ですから、「大文字さんは、次のように話します」はいりません。

「私の趣味は」「私は愛犬とともに」の「私の」「私は」は、ともに大文字さんのことだとわかりますから、これも不要です。

インタビューした人のコメントを交えてまとめる文章では、地の文

「私の趣味はゴルフ。月3回はプレーしています」
ゴルフのどんなところが好きなのでしょう。
「大自然の中で知人と話しながらできるところですね」

（会話以外の説明などの部分）とコメントの部分をうまく使い分けることで、内容を変えることなく、行数を減らせる場合があります。

　文例では最初の1段落と「ゴルフのどんなところが好きなのでしょう」「プレー後のビールが楽しみだそうです。また、ゴルフの腕を上げるため、ふだんもなるべく歩くようにし、体力増進に努めているそうです」「歩くコースは決まっているのでしょうか」「毎朝のウォーキングには、気持ちをいい状態に整える効用もあるようです」が地の文です。

　たとえば、「ゴルフのどんなところが好きなのでしょう」を削除して、前後の大文字さんのコメントをつないで、「趣味はゴルフ。月3回はプレーしています。大自然の中で知人と話しながらできるところが好きですね」とすれば、行数が減り、読みやすくなります。

　次の地の文には「プレー後のビールが楽しみだそうです」「努めているそうです」と、「そうです」という同じ言い回しが続いています。同じ言い回しは、何かの意図がある場合は別ですが、なるべく続けないようにします。そのへんの表現の仕方も考えて、地の文を工夫しましょう。「歩くコースは決まっているのでしょうか」はコメントでコースについて語っているのですから、これも削除しても問題ありません。

ただ、地の文をすべてなくす必要はありません。全体の流れの中でめりはりを利かせる意味で地の文は必要ですし、話題を変えるときなどにも地の文は活用できます。

このような細かな作業をすることで、内容を変えることなく指定の行数にすることができます。

Before

プレー後のビールが楽しみだそうです。また、ゴルフの腕を上げるため、ふだんもなるべく歩くようにし、体力増進に努めているそうです。

「ウォーキングは健康法もかねて10年間続けています。手軽に続けられるので、健康法としてはいいですね。私は愛犬とともに、毎朝約1時間休まず歩きます」

文例27 After

インタビュー　私の趣味と健康法

テレビのコメンテーターとして活躍する大文字由雄さんに趣味と健康法について聞きました。

「趣味はゴルフ。月3回はプレーしています。大自然の中で知人と話しながらできるところが好きですね」

「プレー後のビールも格別」と言う大文字さん、この10年、ゴルフのためにウォーキングで足腰を鍛えていて、「毎朝愛犬と約1時間休まず歩く」とか。

「自宅近くの川の遊歩道を約4km。朝の空気は爽やかで、草木も豊富なのでストレスの発散にもなります」

日中はオフィス街での生活だ。

「だからこそ、仕事以外の時間はできる限り自然と接するようにしているのです。四季の変化も楽しめます」

! 時間の許す限り、推敲を重ねる

原稿を編集部に提出する（「入稿」と言います）まで、できる限り推敲し、文章の手直しだけでなく、内容を深めるようにします。

読み手を想定し、この部分はもう少し詳しく説明できないか、もう少しわかりやすくならないかと考え、書き加えていくことも必要です。

作家の中野重治は、「自分の文章」という文で、次のように書いています。

「わかりにくくなる原因のうちの一つだけははっきりした。原因の一つといえば大げさになるが、何のことはない、締めきりまぎわに書きとばすということだった。これはよくないから、これからやめにしたい。書きたいことをよく考えて、その書きあらわし方についてもよく考えて、できるだけ普通の言葉で、厄介なこともわかりやすく書くようにしたい。（中略）自分での感じでは、時間をかけて、積みかさねるようにして書いて行けばわかりやすく書けるような気がする」

著名な作家でもこうなのです。時間が許す限り、推敲することが大切です。

文例㉘ Before

宇都宮城の風説

風説があたかも真実のように思われていることがある。

先日、旅先の栃木県宇都宮市で宇都宮城を見学したとき、ボランティアのガイドさんが「宇都宮城主の本多正純が将軍を暗殺しようとした『宇都宮釣天井』の話を知っていますか。実際にあったことと思われていますが、作り話です。『徳川実記』にもそう書いてあります」と説明してくれた。ガイドさんによれば、江戸時代から本当のことのように思われていたとのこと。『大久保武蔵鐙《あぶみ》』という江戸時代の本に書かれている話で、それが信じられて今日に至っているようだ。

本多正純の名前は知っていたが、このような裏話があるとは知らなかった。今度、テレビや小説に出てきたら、注意してみてみよう。

Level up

よく調べよく考えることで、内容も知識も深まる

文例は、ボランティアガイドが話したことを文章化しただけのものです。「本多正純」「宇都宮釣天井」『徳川実記』『大久保武蔵鐙』など歴史好きの人でないとわからない名前が出てきます。これらのことを読み手はわかるだろうかと考えてみる。そして、わからないだろうと思ったら、調べて補います。

また、「『徳川実記』にもそう書いてあります」「江戸時代から本当のことのように思われていた」というところも、どんなふうに書いてあるのだろう、本当に江戸時代からそう思われていたのだろうか、そうだとしたらなぜなのだろうと考え、読み手も同様に思うだろうから、これも調べ、わかったことで文章を補います。このようなことをすることで、文章はより豊かに、おもしろくなります。調べてわからない場合でも、それに関して書き手の推測を述べてもいいでしょう。

宇都宮城の風説

風説があたかも真実のように思われていることがある。

先日、旅先の栃木県宇都宮市で宇都宮城を見学したとき、ボランティアのガイドさんが「宇都宮城主の本多正純が将軍を暗殺しようとした『宇都宮釣天井』の話を知っていますか。実際にあったことと思われていますが、作り話です。『徳川実記』にもそう書いてあります」と説明してくれた。

本多正純は徳川家康の側近で、幕府の実力者として徳川政権の確立に貢献した武将だ。武功ではなく、参謀として徳川家に貢献したので謀将とも言われている。1619年に宇都宮の城主となったのだが、1622年、二代将軍秀忠によって突然配流となった。この配流事件が「宇都宮釣天井」の話ができるもとになったようだ。『徳川実記』とは、幕府が編纂した徳川将軍家の記録。調べてみると確かに「この人

Before
ガイドさんによれば、江戸時代から本当のことのように思われていたとのこと。『大久保武蔵鐙』という江戸時代の本に書かれている話で、それが信じられて今日に至っているようだ。

本多正純の名前は知っていたが、このような裏話があるとは知らなかった。今度、テレビや小説に出てきたら、注意してみてみよう。

の罪たしかならず」と書いてある。正純の罪は確かなことではないというのだ。どうも濡れ衣のようである。

ガイドさんによれば、『大久保武蔵鐙』という江戸時代の作者不明の本に書かれている話で、それが信じられて今日に至っているというので、探して読んだ。確かに正純が家光を暗殺しようとして天井に細工したとなっている。秀忠でなく三代将軍家光となっているところに時代が合わない点があり、作り話とわかる。それなのに、たとえば、幕臣の大鳥圭介が幕末に宇都宮城を攻めたとき、「釣天井以来の建物がない」と言っていて、ガイドさんの言うように江戸時代でも本当のことと信じられていたようだ。

なぜ、そのような作り話ができ、流布し、信じられてきたのだろうか。私なりに考えてみたい。

❗ 取材で素材を集めて記事を書く

取材原稿と言えば、新聞記事が代表的なものですが、一般誌、業界誌、広報誌、タウン誌などにも、取材をもとにした記事が掲載されています。取材記事とは、ある人に会って、あるいはある場所に行って取材を行い、それをもとに書いた原稿のことで、大きく分けて二つの形があります。

一つは、新聞記事のように、ある事件、事故が起きて、それについてすぐに取材をして記事を書くもの。これは、どのような取材になるのか、どのような記事になるのかは、取材をしてみないとわかりません。

もう一つは、そのような緊急のことではなく、事前にテーマを決めて、それに必要な取材を行って書くというものです。雑誌の特集や単行本などはこの形です。

テーマに合わせて、どこに取材に行き、どのような資料を集めればいいのか、だれに会いに行き、どのようなコメントをとるのかを事前に検討し、取材相手に申し込んでから取材をします。ここではこちらのほうの書き方について、取材記事を書く手順と合わせて紹介します。

新しくできたテーマパークの魅力を探るという企画を考えたとします。その場合、第一の取材対象はテーマパークの運営会社であり、つくった理由、特徴、利用者数、今後の展開などを聞きます。さらに、魅力を探るには、できればすべての施設をチェックし、たとえば、焼きものづくりができるコーナーがあれば、その体験もしてみなければならないでしょう。利用者の声も必要となります。テーマパークに詳しい専門家のコメントもあったほうがいいかもしれません。

そのようにして取材が終わったら、どのように書くかを考えます。すべてのアトラクション、遊戯を同じ割合で紹介したのでは、単なるパンフレットになり、記事にめりはりがなくなってしまいます。このテーマパークのどこが最も魅力なのか、どこがおもしろいのか、どこに読者は興味を示すのかなどを考え、ここがいちばんと考えるところを中心に記事を書いていきます。場合によっては、そのいちばんの魅力の紹介に記事の三分の一、半分を費やしてもかまいません。ということは、他のいくつかのアトラクションや施設の紹介はほんの一言ということになるでしょうが、記事をおもしろくするには、それも必要です。

また、利用者の声もたくさん集めておきますが、すべてを使う必要はありません。その中で、テーマパークの魅力を、あるいは、中心として取り上げるアトラクションや施設の魅力をいちばん表現している声を使うようにします。

もし利用者の声が記事として魅力的なものであれば、利用者の声を記事の冒頭に持ってくるのも一つの方法です。「夢のような体験でした」という利用者の声から書き始めれば、読者は「どんな体験ができるのか」と施設やアトラクションに興味を持つでしょう。続いてそのアトラクション、施設を紹介し、体験取材をしていれば、その様子を自分の感想を加えつつ書いていきます。

また、テーマパークの大きさ、アトラクションや娯楽施設の数、料金、交通手段など、必要な情報はきちんと盛り込んでおきます。

魅力ばかりだったら広告と同じになってしまいますので、自分で感じた問題点、利用者の不満なども、必要に応じて書いておくことも大切です。

ところで、一つの問題について、専門家など数人に取材をして、それをまとめて記事にする場合があります。この場合、同じ立場、考えの人に何人も取材しても仕方ありません。違う立場の人、考え方が正反対の人にも取材をし、その人たちのコメントをうまく使って記事を構成していきます。記事を書く際は、その問題の内容、取り上げる理由について説明し、取材した人のコメントを、その人がどのような人なのか（何々の専門家、何々について長年研究してきたどこのだれというように）を紹介しつつ、使っていきます。

もちろんその人が話したコメントを、すべて原稿に使う必要はありません。取り上げた問題について、その人ならではのコメントの部分を活用して、記事を構成していくようにします。時には2000字分ほど話してくれたのに、200字、あるいは20字くらいしか使わないこともあるでしょう。けれども、その人が語ったことを適切に伝えていれば、それはそれでいいのです。

ただ、よく聞く苦情に、「私はそのような意味で言ったのではない」「かりに何々のようならば、という条件付きで話したのに、その条件のところを取り除かれて使われてしまった。それでは私の意見を反映していない」というものがあります。そういうコメントの使われ方を経験している人は、コメントを拒否することもあります。

これは確かによいことではありません。最初からこういうコメントをもらおうと考えて取材したときなどにあることです。

「Aに反対だ」というコメントを使いたい。それで何人かの人に取材をし、そのうちの一人が、「もしこういうことが背景にあるのなら、私は反対だ」と話したら、「よし、このコメントだ」「反対には違いない」と、「～背景にあるのなら」をあえて無視して、「反対」の部分だけを使ってしまうのです。企画段階で「反対という方向で記事をつくろう」と決めてしまうと、陥りやすいことです。

一定の結論を想定して、そのための取材をして、書いていくということはよくあります。しかし、期待通りのコメントが取材から得られなかったからといって、その人のコメントを正しく使わないのは問題です。

いずれにしても、取材したコメントを使って記事を書く場合、ただコメントを並べるのではなく、説明、解説などを自ら書きつつ、ポイントとなるコメントを随所に使って、記事をつくっていくようにします。

文例 ㉙ Before

大相撲　今年1年の展望

1月場所で優勝した稀勢の里が横綱になって、大相撲が盛り上がっています。そこで、今年1年を展望してみました。

相撲女子でタレントの関とり子さんは、「稀勢の里が優勝を決めた瞬間は興奮しました。今年1年の注目力士はなんといっても稀勢の里です」と言います。相撲史家の小沼健太郎氏は「稀勢の里の活躍に期待したい」とコメント。相撲評論家の踊山秀助氏も「稀勢の里の相撲が今年の見どころ」と力説しています。

ほかに注目力士はいないのでしょうか。

「いますよ」とは、相撲雑誌『楽しい大相撲』の編集長、朝野竜夫氏。「宇良。彼の相撲は見ていて楽しい。番付をもっと上げますね」

もっとも、元呼出茶助の川本茶太郎氏は「宇良はおもしろいけれど、体が小さいし、相撲の特徴からいって限界がある。将来三役まで果たしていけるか」と言います。とりあえず、宇良にも注目しましょう。

相撲人気も気になります。稀勢の里の横綱昇進が決まってから、3月場所の前売り券は早々に完売になったそうです。前出の朝野氏は「特に女性の相撲ファンが増えている」と言います。

そこで、場所中ではないのですが、相撲ファンが集まりそうな両国国技館の相撲博物館をのぞいてみました。いました、女性のグループが。「遠藤ファン。彼が出てきてから相撲を見るようになりました。もう2回も国技館で観戦しています」とは、山川くめ子さん。埼玉で女性だけの相撲観戦同好会をつくっていて、会員は35人とか。

気になったのは外国人観光客。博物館で展示物を熱心に見ていました。博物館の人に聞くと、「最近増えています。中国などのアジアの人だけでなく、欧米の人も多いですね。本場所を観戦する外国人も年々増えています」と言います。

女性も増え、その上国際的になっているようです。今年は、相撲界全体が盛り上がる1年となりそうです。

相撲女子でタレントの関とり子さんは～
相撲史家の小沼健太郎氏は～
相撲評論家の踊山秀助氏も～
相撲雑誌『楽しい大相撲』の編集長、朝野竜夫氏～
元呼出茶助の川本茶太郎氏は～

Level up

文章にめりはりを利かせる

文例は、コメントをただ並べただけという印象を受けます。話にめりはりが利いていないのです。

また、せっかくあちこち取材をして、いろいろな人に話を聞いているのに、それが生かされていません。コメントしてくれた人ならではの話がないと、あちこち取材をしたという自己満足に終わってしまいます。

全体的に説明不足でもあります。稀勢の里が横綱になってなぜ盛り上がっているのかの説明があったほうがいいし、コメントをしてくれた専門家はどういう人なのかの説明も一言入れるといい。「宇良の相撲は見ていて楽しい」のはどうしてか、「相撲博物館をのぞいてみました」とあるがどういうところなのか、遠藤ファンの女性は遠藤のどういうところが好きなのかなどを説明しましょう。

Before

相撲女子でタレントの関とり子さんは、「稀勢の里が優勝を決めた瞬間は興奮しました。今年1年の注目力士はなんといっても稀勢の里です」と言います。

文例㉙ After

大相撲　今年1年の展望

1月場所に14勝1敗で優勝した稀勢の里。横綱昇進を決めました。1998年の三代目若乃花以来、19年ぶりの日本出身の横綱の誕生とあって、大相撲は大いに盛り上がっています。そこで、今年1年を展望してみました。

ブログで観戦日記を発信し、フォロワーが3000人もいる相撲女子で、タレントの関とり子さんは、「稀勢の里が優勝を決めた瞬間は国技館で観戦。興奮しました。今年1年の注目力士はなんといっても稀勢の里です。努力の人ですからね。余計応援したいです」と言う。

『大江戸相撲力士列伝』などの著作がある相撲史家の小沼健太郎氏も、「稀勢の里の活躍に期待したい」とコメントしてくれました。

「稀勢の里が加わり、横綱は白鵬、日馬富士、鶴竜の4人。とはいっても、他の3人は、最盛期は過ぎて下り坂。それに1月場所、日馬富相撲史家の小沼健太郎氏は「稀勢の里の活躍に期待したい」とコメント。相撲評論家の踊山秀助氏も「稀勢の里の相撲が今年の見どころ」と力説しています。

士はケガで途中休場していて、鶴竜も途中休場するなど、万全ではない。そんな中、稀勢の里が横綱の責任を果たして、今年1年大相撲を引っ張っていけるか、です。それができたら、横綱稀勢の里時代はしばらく続くのではないでしょうか」（小沼氏）

元関脇で、業師の異名をとった相撲評論家の踊山秀助氏も「稀勢の里の相撲が今年の見どころ」と力説し、次のように言います。「私が注目しているのは、稀勢の里が横綱として成長するかです。彼は格下の力士にコロッと負けることがある。まだ盤石ではないのです。ここ1年でその弱さを克服できるか、そこですね」

ほかに注目力士いないのでしょうか。

「いますよ」とは、月刊の相撲雑誌『楽しい大相撲』の編集長、朝野竜夫氏。「宇良。体の柔らかさを生かした彼の軽業師のような相撲は見ていて楽しい。ファンも日々増えています。この1年で番付をもっと上げるでしょうね」

もっとも、元呼出茶助の川本茶太郎氏は「宇良はおもしろいけれど、前出の朝野氏は「特に女性の相撲ファンが増えている」と言います。

体が小さいし、相撲の特徴からいって限界がある。将来三役まで果たしていけるか」と言います。体格の問題のほかに、正攻法の相撲ではないので、上位陣を破るのはむずかしいし、無理な体勢の技が多いので、ケガの心配もあるとのことです。

とりあえず、宇良にも注目しましょう。

相撲人気も気になります。1月に稀勢の里の横綱昇進が決まってから、3月場所の前売り券は早々に完売になったそうです。前出の朝野氏は「特に女性の相撲ファンが増えている。うちの読者も、以前は女性は1割もいなかったのに、ここ2年で3割になった」と言います。

そこで、場所中ではないのですが、相撲ファンが集まりそうな両国国技館の相撲博物館をのぞいてみました。これは国技館に併設された博物館で、相撲の歴史などがわかる珍しいものが展示されています。場所中以外は無料で入れ、展示物は定期的に変えられるので、何度行っても飽きません。

いました、女性のグループが。「遠藤ファン。彼が出てきてから相撲

「遠藤ファン。彼が出てきてから相撲を見るようになりました。もう2回も国技館で観戦しています」とは、山川くめ子さん。

を見るようになりました。色は白いし、男前だし。私のアイドルです。もう2回も国技館で観戦しています」とは、埼玉から来た山川くめ子さん。埼玉で女性だけの相撲観戦同好会をつくっていて、会員は35人とか。

気になったのは外国人観光客です。中国人のツアー客らしい5、6人が博物館で展示物を熱心に見ていました。博物館の人に聞くと、「女性も増えていますが、外国人も最近増えています。中国などのアジアの人だけでなく、欧米の人も多いですね。本場所を観戦する外国人も年々増えています。取組みを観戦するだけでなく、国技館の中を見物したりしています」と言います。

女性も増え、その上国際的になっているようです。今年は、相撲界全体が盛り上がる1年となりそうです。

事実に即してノンフィクションを書く

実際にあった出来事や過去に活躍した人物、あるいは現在活躍している人物などを取り上げて、その軌跡を文章にしたものがノンフィクションです。

これには調べて書く作業が不可欠です。公文書、新聞記事、雑誌の記事、当時の本などを可能な限り調べ、それだけでなく、取り上げる出来事の生き証人、あるいは関係者の子孫がいたら、その人から話を聞く。その上で聞いた話に記憶違いがないか、ほかの資料で確認することも必要です。

ノンフィクションでも5W1Hは欠かせませんが、それをきちんと押さえる際にも、過去の文献、新聞などが資料として大いに役に立ちます。これらの資料は、5W1Hをきちんと押さえてあるものが多いのですが、どれかが抜けているものもあります。特にかなり昔のことでは、それを埋めるのは大変な作業となります。中でも「なぜ」の部分がわからないものがあり、「明智光秀はなぜ織田信長を殺したのか」というように、それを解明するのがテーマとなったりします。

ノンフィクションを書く際、調べた事実をただ羅列したのではおもしろくありません（ただの羅列でもその事実自体がおもしろいこともありますが）。書き手の視点、つまり自分はどこにポイントを置くかということが基本にあって、それに沿って書いていくことが大切です。

たとえば、大震災があり、町が崩壊した後、ある家族が中心となって、町の人たちの力を結集し、復興を遂げたということをまとめるとすると、中心となった家族のことを軸に書きます。ちょっとだけかかわった人について詳しく書いてもピントがずれてしまうことになります。

執筆の過程で、情報の重要度に合わせて、素材を選び、捨てることも必要になりますが、その基準となるのも書き手の視点です。

いずれにしても、ノンフィクションを書く場合、テーマを定めて取材を進めながら、頭である程度構成を考えていき、その構成をもとに、原稿を完成させます。

次の文例では、下記のテーマと主な取材データをもとに、ノンフィクションを書き進める概略をつかんでみましょう。通常、ノンフィクションの原稿は単行本になるくらいの分量になるのですが、ここでは便宜上簡潔にしてあります。

テーマ

Ａ社の創業社長の大門柴雄氏に取材し、成功秘話を文章にする。

主な取材データ

・Ａ社はＣの生産で業界トップ。売上高は５００億円、経常利益は95億円。今期はそれぞれ５５０億円、１００億円の見込み。

・大門柴雄氏は四十歳。２００７年、三十歳で創業し、三十三歳でＣを開発し、世に出す。

・創業時の苦労――Ｄ社の下請け業務を昼間に行い、商品開発のため、社員が帰ってから工場に寝袋を持っていき、仮眠をとりながらＣを開発した。

・危機――ライバル数社がＣと類似の製品をＣより安く販売。売り上げが落ちた。

・危機を乗り越えた理由――アメリカの経営者Ｅの本『勝利をつかむ』にある「顧客満足」という言葉に従い、２０１３年、付加価値をＣに加えたところ、他社がまねできず、他社よりも価格が高くても売れるようになり、シェアを奪還。創業10年の今独走している。

・成功の秘訣――社員よりも社長が多く働くこと。あきらめず知恵を絞ること。

主な取材データ
A社はCの生産で業界トップ。
大門柴雄氏は四十歳。
商品開発のため、工場に寝袋を持っていき、仮眠をとりながらCを開発した。
ライバル数社がCと類似の製品をCより安く販売。

文例 30 Before

A社成功の秘話

A社はCの製造販売で業界トップを誇る。売上高は500億円、経常利益は95億円。今期はそれぞれ550億円、100億円の見込みである。

A社を一代でトップの座まで引き上げたのは創業社長の大門柴雄（四十歳）。三十三歳でCを開発し、世に出す。

「2007年に三〇歳で創業したのですが、自宅近くに借りた土地に建てた小さな工場で、昼間はD社の下請けをし、社員に24時間働かせるわけにはいかないですから、社員が帰った後、寝袋で仮眠をとりながらCの開発をしたのです」

三年で完成。売り出したところ、大ヒットした。工場を新しく建て、下請けもやめてCの製造販売に専念する。

「ところが、二年後にライバル数社が類似製品を売り出し、当社より

売り上げが急速に落ちた。

『勝利をつかむ』に従い、付加価値をCに加えたところ、シェアを奪還。

成功の秘訣は、社員よりも社長が多く働くこと。あきらめず、知恵を絞ること。

2割安く売ったものですから、消費者はそちらに言ってしまった。あわてました。社員の給料を減らすことも考えた。でも、一緒に頑張ってきてくれたわけですから、それはしたくない。私はまた工場にこもり、寝袋生活。そして1年後の2013年、Cに付加価値を盛り込むことに成功。それで売り出し、シェアを奪還。今日に至っています。今は独走状態で、シェア90％。付加価値のヒントはアメリカの経営者のEの本『勝利をつかむ』にある「顧客満足」という言葉でした。これに従って成功しました。創業して10年。振り返ってみて、成功の秘訣は、社長が社員の何倍も働いたこと、苦境でもあきらめず、知恵を絞ったことです」

Level up 1

下書きをもとに細部を検討して第1稿を書く

文例はテーマ決め、取材データをもとに、構成、下書きした原稿です。仕上げをする前のまだ粗い原稿なので「粗《そ》原稿」と呼ばれることもあります。ここから第1稿、第2稿…と書き進めて、自分がこれでいいと判断した完成原稿を編集部に入稿します。ここでは便宜的に第2稿を、完成原稿としましょう。

第1稿では下書きをもとに、書き出しを変えます。「工場にこもり、寝袋で仮眠をし、開発した」という話はインパクトがあるので、冒頭に持ってきます。また、下書きでは、後半をコメントだけでまとめていて、展開が単調なので地の文とコメントに分け、「独走状態」という会社の状況を表す内容や秘訣などは大門社長に語らせます。

そのような観点から書き直した第1稿が次の文章です。

Before

A社はCの製造販売で業界トップを誇る。売上高は500億円、経常利益は95億円。今期はそれぞれ550億円、100億円の見込みである。

文例㉚ After 1

第1稿　A社成功の秘話

「社員が帰ってから、工場に寝袋を持ちこみ、それで仮眠を取りながらCの開発をしました」

　こう話すのは、Cで業界トップ、独走しているA社の大門柴雄社長（四十歳）。大門社長は、2007年に三〇歳で同社を創業し、三十三歳でCを開発、一代で売上高500億円の会社に育て上げた。経常利益は95億円と経営内容も良好で、今期はそれぞれ550億円、100億円の見込みだ。

「自宅近くに借りた土地に建てた小さな工場で、昼間はD社の下請けをしながら、社員を24時間働かせるわけにはいかないですから、夜、私一人で頑張りました」

　三年でCが完成。売り出したところ、大ヒットした。工場を新しく建て、下請けもやめてCの製造販売に専念した。しかし、順風満帆だったわけではない。

「二年後にライバル数社が類似製品を売り出し、当社より2割安く売ったものですから、消費者はそちらに言ってしまった。あわてました。社員の給料を減らすことも考えた。でも、一緒に頑張ってきてくれたわけですから、それはしたくない」

大門社長はまた工場にこもり、寝袋生活。そして1年後の2013年、Cに付加価値を盛り込むことに成功。シェアを奪還し、今日に至っている。付加価値のヒントはアメリカの経営者のEの本『勝利をつかむ』にある「顧客満足」という言葉である。これに従って成功した。

「創業して10年。今はシェア90%で独走状態です」

成功の秘訣は何だったのか。

大門社長は、「社長が社員の何倍も働いたこと、苦境に立たされてもあきらめず、知恵を絞ったことに尽きる」と振り返る。人より働くこと、そして知恵、これが事業を成功させる上で大切なものなのだ。


「今は独走状態で、シェア90%。付加価値のヒントはアメリカの経営者のEの本『勝利をつかむ』にある「顧客満足」という言葉でした。これに従って成功しました。創業して10年。振り返ってみて、成功の秘訣は、社長が社員の何倍も働いたこと、苦境でもあきらめず、知恵を絞ったことです」

After1
当社より2割安く

Level up 2

第1稿の文脈や表記をチェックして仕上げる

第1稿は、最初の文例よりかなり読みやすくなりました。ここでは第2稿を完成原稿としますので、この段階で、タイトルを見直し、読み手の興味をより喚起するものに変更します。誤字のチェックや表記の統一も、仕上げの段階で厳密に行います。文例では、「消費者はそちらに言ってしまった」という文に漢字の変換ミスがあります。これを「行ってしまった」と訂正します。また、割合を示すのに、「割」と「%」の両方が使われているので、統一します。数字も、ここでは算用数字に統一することにします。「大門柴雄社長（四十歳）。」「寝袋生活。」「成功。」と体言止めが多いので、これも手直しします。

ほかにアメリカの経営者のEについて、知らない読み手のために、追加で調べて説明を入れます。直しの段階でも労を惜しまず、調べたり、直したりしましょう。

文例 ㉚ After 2

第2稿　A社成功の秘密は「寝袋」

「社員が帰ってから、工場に寝袋を持ち込み、それで仮眠をとりながらCの開発をしました」

こう話すのは、Cで業界トップ、独走しているA社の大門柴雄社長（40歳）だ。2007年に30歳で同社を創業し、33歳でCを開発、一代で売上高500億円の会社に育て上げた。経常利益は95億円と経営内容も良好で、今期はそれぞれ550億円、100億円の見込みである。

「自宅近くに借りた土地に建てた小さな工場で、昼間はD社の下請けをしながら、社員を24時間働かせるわけにはいかないですから、夜、私1人で頑張りました」

3年でCを完成、大ヒットした。工場を新築し、下請けもやめてCの製造販売に専念した。しかし、順風満帆だったわけではない。

「2年後にライバル数社が類似製品を売り出し、当社より20％安く売

After1

大門社長はまた工場にこもり、寝袋生活。そして1年後の2013年、Cに付加価値を盛り込むことに成功。シェアを奪還し、今日に至っている。付加価値のヒントはアメリカの経営者のEの本『X』にある「顧客満足」という言葉である。これに従って成功した。

ったものですから、消費者はそちらに行ってしまった。あわてました。社員の給料を減らすことも考えた。でも、ここまで一緒に頑張ってきてくれたわけですから、それはしたくない」

大門社長はまた工場にこもり、再び寝袋生活に入る。そして1年後の2013年、Cに付加価値を盛り込むことに成功した。付加価値のヒントはアメリカの経営者のEの本『勝利をつかむ』にある「顧客満足」という言葉。EはF社を世界的企業に育て上げた伝説の経営者で、その著書『勝利をつかむ』は経営者のバイブル的なものとなっている。大門社長はこれに従って成功したのだ。新製品を売り出し、シェアを奪還。今日に至っている。

「創業して10年。今はシェア90%で独走状態です」

成功の秘訣は何だったのか。

大門社長は、「社長が社員の何倍も働いたこと、苦境に立たされてもあきらめず、知恵を絞ったことに尽きる」と振り返る。人より働くこと、そして知恵、これが事業成功させる上で大切なものなのだ。

第6章

プロを目指す際の心得

6章のポイント

定年のない実力主義の仕事
ライターが日常的に使うもの
原稿の質と書き手の人柄は別物
編集者と良好な関係を保つ
自分のテーマを追い続ける

この章では、フリーランスのライターとして仕事をしていきたい人のために、ライターを職業とする場合、どのようなものが必要なのか、どのような形で仕事をしていくのか、などについて説明します。ここに書かれていることは、私の経験をもとにしたものです。一人の人間が経験できることは限られていますが、どんなライターにも共通することをできるだけ取り上げています。

プロの原稿は「商品」である

原稿を商品にしてお金を稼ぐのがプロのライターです。何かに寄稿して、あるいはだれかに依頼されて、原稿料、あるいは謝礼を数回もらったという程度ではプロとは言えません。金額の多い少ないは別として、継続的に原稿の注文があり、継続的に原稿料をもらえる仕事をし続けて、はじめてライターを職業としていると言えます。これはそれほど容易ではありませんし、原稿料だけで生計を立てていくとなると、よりむずかしくなります。

お金になる原稿を継続的に書いていく前提となるのが原稿の質です。職業とするからには、出版社などの依頼主と読者の要求に応えられるものを書く必要があります。書くことが好きで自分の好きなことを書いていればいいというのなら、読者の要望などあまり考えず、思いのままに書いてもかまいません。しかし、プロの場合、原稿は商品とみなされますので、自分の好き放題というわけにはいきません。ひどい原稿だと依頼主が判断したら、その原稿は活字になりませんし、原稿料も入りません。一度は活字になり原稿料をもらえたとしても、二度と注文はこなくなります。

たとえば、人気のラーメン店を紹介する記事の場合、ブログで自分の好きなように綴るなら、好き嫌いを語るだけの文章でもいいでしょう。しかし、雑誌に掲載する記事となると、そのラーメン店の場所、メニュー、具材、特徴、値段等が書かれていなければ、紹介文とはなりません。それらの情報が的確に、かつ読みやすく盛り込まれた文章が、出版社や読者が求めるもの、つまり商品となるのです。

！自分だから書けるという専門分野を持つ

プロのライターは、自分の専門に特化した人、専門を持たず、様々な分野に対応する人に大別できます。

科学ライター、医療ライター、旅行ライターなどの肩書で活躍している人は前者です。自分だからこそ書けるという分野を持ち、その仕事内容が周囲から認められれば、一定の仕事を確保することができ、また、よい仕事をしていけば、自分の名前で本を出せる可能性も高くなります。ただ、「あの人は医療が専門だから、歴史の原稿は頼めない」ということになり、仕事の幅が狭まるというマイナス面もあります。

一方、専門家ほど深くはないが、幅広い分野の知識を持ち、どのような内容の仕事にも対応するライターもいます。出版社、編集者から重宝がられることは確かです。しかし、専門分野を持つライターなら、一つひとつの仕事が、自分の専門性を深めることにつながることがありますが、特定の専門を持たないライターには、それがなく、一つひとつの仕事を生活の糧にするだけという面があることは否めません。

ですから、何でも屋のようなライターとして仕事をしていたとしても、そのうち自分の名前でこういう本を書くのだという目標を持つほうがいいのではないでしょうか。ゆくゆくは「この分野のことなら任せておけ」「これは自分だからこそ書けることだ」というような専門を持って自分の本を書けるようにしていくのです。そのためにはその分野の勉強を継続的にしていかなければなりません。「○○は何々に強いライター」というように、世間で知られるようになれば、長く活躍できるでしょう。

！ 履歴をあまり問われない実力の世界

この仕事のいいところはいくつかあります。まず、学歴はあまり関係ありません。仕事を始める前に、出版社などの仕事先から履歴書を求められることはほとんどないですし、学歴や出身学校名を聞かれることもありません。少なくとも私はそうでした。もちろん、仕事が始まって、編集者と親しくなって「どこの学校の出身ですか」などと話題に上ることはありますが、それが仕事の発注に影響することはありません。何年も付き合っているのに、編集者とライターがそれぞれどこの学校の出身か知らないということも多いのです。

かわりに、実績は聞かれます。これまでに手がけた記事を見せなければならないこともあります。つまり、ライターは、あくまで仕事の内容と実績で評価されるということです。実績もないのに、学歴を自慢するようなライターは敬遠されます。ですから、自分の書いた記事や自費出版などで出した本はひとまとめにしておいて、初めての編集者に会うときは、それらを見せられるようにしておきましょう。

! フリーであれば、執筆の時間や場所は自由

原稿の執筆は、時間と場所を選びません。締め切りさえ守れば、原稿を書くのは早朝でも深夜でも構いませんし、見たいテレビ番組があるなら、それを楽しんでから書いても構いません。会社に勤めていると、勤務時間中に、ちょっと見たいテレビがあるから1時間休みますというわがままは通用しませんが、フリーのライターであれば、そのようなことも可能です。

場所も、必ずしも仕事場で原稿を書く必要はなく、喫茶店や図書館で書いても、だれも文句を言いません。仕事場で書いていて、行き詰まったり、集中力がなくなったりしたとき、喫茶店に行って書いてみるのも、悪くはないでしょう。むしろ集中できることがあります。また、自宅で何かを軽くつまみながら、書くこともできます。

このように、原稿を書くことに関して束縛はありません。ただし、その分自己管理能力が必要です。それがないと、原稿はいつまでも完成しませんし、よい原稿もできません。束縛がないということは、誘惑に負ける危険度が高いということでもありま

す。明日が締め切りの原稿があるが、見たい映画は今日で終わってしまうから、原稿は徹夜で書けばいいと、映画館に行ってしまうと、どうなるでしょう。原稿に費やす時間が減るだけでなく、徹夜をすると、脳の働きが低下しますから、それが原稿に反映してしまいます。今晩どうしても原稿を書かなければならないが、夕食のときに酒を飲みたくなったからと、ビールを何本も飲んでしまったら、これまた、まともな原稿は書けません。

どんな時間に、どんな場所で書いていてもいいと言っても、締め切りまでにきちんとした原稿を書くには、自己を管理する力がないといけないのです。

また、時間が自由だということは、土曜も日曜もないということでもあります。土日が休みの会社勤めなら、週末は仕事のことを忘れて楽しく過ごすことができます。しかし、フリーライターに休日はありません。自分でこの日は休むと決めない限り、仕事をする気ならできるのです（仕事があれば、の話ですが）。そして、仕事が残っている限り、完全に仕事を忘れて休みを楽しむということは、なかなかできないものです。

編集者によっては「連休明けに原稿をお願いします」などという頼み方をする人も

います。連休中に書けというわけです。このように人が遊んでいるときに仕事をしなければならないこともありますが、原稿を書き上げて編集者から「これでよし」と受け取ってもらったときの解放感は格別です。ビールもおいしく味わえますし、多くの人が仕事をしている平日の昼間、すいた映画館で映画をゆっくり見ることもできます。

❗ 原稿を書くことに定年はない

ライターに定年はありません。原稿の質が落ちることがなければ、何歳になっても仕事を得られるでしょう。これは原稿を書くことの魅力でもあります。

ただし、体力は年を取るほど低下していきますから、若い頃と同じペースで取材をすることはできなくなりますし、原稿を書く速さも落ちます。中年期を過ぎて20歳代と同じ感覚でスケジュールを考えていると、締め切りに間に合わなくなるということがあります。原稿を書くペースを常に把握しておくようにしましょう。

また、自分より年上のライターを使うのを嫌がる編集者もいます。自分よりライターのほうが経験豊富だと遠慮があり、思いのままに使えないと感じるからかもしれません。ですから、長年付き合っていた担当編集者が定年などでやめてしまうと、ライターも仕事が減っていくということがよくあります。それでも仕事がくるようにするには、やはりあの人でなければという信頼を築くか、この分野の原稿ならあの人に、というような専門分野を持つかすることが必要となります。

ライターは多くの人に出会える

原稿の依頼が継続的にある人がプロと書きましたが、月刊誌に月1回だけ原稿を書いていても、それが継続していれば、出版社や読者が期待するもの、求めるものを提供できているわけですから、立派なプロと言えます。

しかし、それだけではおそらく生活は成り立ちません。

テレビドラマなどで、たまにフリーライターが登場します。残念ながら、取材で知った情報をもとに人をゆすったりして殺されるという情けない設定が多いですが、正義の味方として活躍する場合もあります。内田康夫作品に登場するルポライターの浅見光彦はその代表格です。旅雑誌を中心に仕事をしていて、庭付きの広い家に住み、高価そうな自家用車に乗って、仕事のかたわら探偵活動をしています。旅雑誌のほかにもちょっとした記事を書いているようですが、あれを見て、「ライターって楽しそうだな」などと幻想を抱くと大変なことになります。

浅見光彦の場合、親の家で生活をしていて、家賃の心配がないのかもしれません。東京で家賃を払った上で、ふつうの生活をしようとするなら、定期的な仕事をいくつか抱えていなければ、むずかしいでしょう。家族を養うとなると、さらに大変です。

何かの記事や本をきっかけに有名になり、著書がどんどん売れているライターは別として、私の知る範囲で言えば、結婚しているフリーのライターは、その妻あるいは夫が定職に就いている人が多いようです。それで、生活を安定させているわけです。

また、ライターは自営業であり、その年の仕事量によって年収は毎年異なります。前年の半分もないこともあります。

ライター生活のマイナス面ばかり言っているようですが、もちろん、プラス面もあります。仕事が増えれば、年収が倍増することがありますし、書いた本がヒットすると、思わぬ収入となります。本を1冊書いても、売れなければそれなりの収入しか得られませんが、売れると、書いた労力は同じなのに、大いに稼げることがあるのです。

私の知人にも著書がたくさん売れて、家を1軒購入した人もいます。

また、ライターをしていると、取材、インタビューで多くの人と会うことになり、ふつうならなかなか会えない大企業のトップや、文化人、芸能人、スポーツ選手などにも仕事の名目で会え、話が聞けます。場合によっては取材がきっかけで、それらの人との深い交流が生まれることもあります。

！ ペンネームは読みやすいものにする

原稿を書くにあたって、ペンネーム（筆名）を使っている人もいると思います。本業とは別な名前にしたい、本名で世に出るのは控えたい、自分のつけたい名前があるなど、理由は様々でしょう。

ペンネームをつける際も、文章と同様、伝わりやすさを考慮するといい。なんと読んでいいのかわからない名前にすると、敬遠されます。簡単に読めないペンネームは、人が覚えにくいペンネームということです。よほど物好きの人は別ですが、読むこと自体ストレスになるようなペンネームでは覚えてもらえません。

推理作家の江戸川乱歩。これはペンネームで、本名は平井太郎です。推理小説ファンにはよく知られているアメリカの作家、エドガー・アラン・ポーに漢字をあてただけですが、むずかしい漢字は使っていないし、推理小説ファンにはすぐに覚えられる名前となっています。井上ひさしの「ひさし」は、もともとは「廈」でした。駆け出しの放送ライターだった頃、担当のディレクターから「だれも読めないから、適当な筆名を考えたほうがいい」と言われて、せっかくの機会だから改名しようと、市役所の戸籍係に行ったら、手続きが大変で時間がかかる上に不許可になることもあると言われて、平仮名にしただけで急場をしのいだ結果とのことです（『にほん語観察ノート』）。確かに「井上廈」では読めません。「井上ひさし」なら小学生でも読め、すぐに覚えてもらえます。

ペンネームはこのような覚えやすいものがいい。もちろん、覚えにくくても、一度覚えてもらえれば、忘れられないという名前も例外的にあるでしょうが、なじみのない漢字や凝った読み方のペンネームは、すんなりと頭に入らないため、忘れられてしまうことになります。

❗ ライターがふだん使うもの

ライターの仕事を円滑に進める上で欠かせないものがあります。

私がこの仕事を始めた頃は、筆記具と原稿用紙、名刺、カメラ、カセットテープレコーダーが必需品でした。その後、ライター周辺の道具は日々進歩し、現代のライターの必需品は、名刺、パソコン、ICレコーダー、デジタルカメラ、プリンター、スキャナーなどです。用意するのに、お金はかかりますが、これらを活用することによって、効率的に仕事ができるようになりました。

さらに、録音、撮影、スキャンなどはスマートフォンでできるようにもなっています。しかし、機能や容量に制限があり、万能ではありません。プロとして仕事を続けるなら、それぞれの道具はある程度の性能のものを揃えておく必要があります。

取材のときは必ず名刺を出す

まず名刺。出版社と付き合う上で必要なのはもちろん、取材のときにも欠かせません。公に知られている著名な人は別として、取材の場で「名刺はありませんが」などと言って挨拶をしたら、まず信用してもらえません。

名刺をつくる場合、肩書をどうするか。文筆を仕事としている人には、いろいろな肩書があります。一般的なものでいうと、フリーライター、ライター、ジャーナリスト、ルポライター、エッセイスト、文筆家など。分野を特化するなら、旅行ライター、スポーツライター、医療ジャーナリスト、経済ジャーナリスト等々です。

肩書は、自分がどういう原稿を書いていくのかによって決めればいいでしょう。ただ、フリーランス（自由契約）のライターという意味で使われている「フリーライター」が、いちばん汎用性があると思います。肩書の異なる名刺を二つつくっておき、自分の専門が流通関係だったら、その仕事をするときは「流通レポーター」の名刺を、それ以外の様々な仕事は「フリーライター」の名刺を使う方法もあります。

30年ほど前、１９８０年代には、フリーライターという職業は、世の中でまだあまり認知されていませんでした。「フリーライター」の名刺を出すと、「そんな職業あるの」という顔で見られました。専門雑誌などに署名原稿を書く場合も、フリーライターでは読者に対して説得力がないということで、雑誌に名前を載せる際の肩書を「〇〇レポーター」、「ジャーナリスト」とされてしまうこともありました。これは今でもあるかもしれません。

ただ、現在ではフリーライターという職業は、いちいち人に説明する必要がないくらい認知されてきています。企業の広報担当者などはフリーライターと言えば、すぐにこちらの立場を理解してくれます。もっとも、今でも地方などに行くと、こちらが出した名刺を見て、「テレビの世界だけでなく、本当にいるんだね」と言われることがあります。そんなときは、「いるんだよ」という顔をしていればいいのです。

また、立場はあくまでフリーランスであるものの、特定の会社の外部スタッフとして仕事をする際に、「〇〇社　記者」というような名刺を、その会社がつくってくれることがあります。その会社の仕事をする場合は、それを使うことになります。その名刺は、その会社以外の仕事やプライベートでは決して使ってはいけません。

パソコンやスマートフォンは必需品

パソコンやスマートフォンは、今やライターの必需品です。短い原稿ならスマートフォンやタブレットでも書けます。ただ、長文の原稿を書くときは、パソコンのほうが書きやすいですし、文章の入れ替えや修正もしやすい。ワードなど汎用性の高い文書作成ソフトで書けば、メールに添付して、編集者に送信できます。最近では、原稿や資料をクラウド上（データをインターネット上に保存すること）で編集者と共有することも増えてきました。

ただし、著名な作家の中には、今も手書きで原稿を書く人がいるようです。もっとも、大御所や売れっ子作家なら別ですが、依頼された原稿を手書きで出すというのは、出版社に敬遠されます。というよりも、そのようなライターには仕事を出してくれません。理由は単純です。手書き原稿を編集部のだれかがデータとして入力しなければならず、面倒だからです。

パソコンが必需品と言っても、高度な機能を使うことはありません。文書作成ソフトと表計算ソフトが使える程度で十分です。高スペックのパソコンでなく、普及価格帯のパソコンで十分仕事ができます。

取材の記録はＩＣレコーダーを使用

取材時に録音用として使うのがＩＣレコーダーです。録音するだけならカセットテープレコーダーでも問題ありませんが、音声データをパソコンに取り込んだり、編集部に送ったりすることが簡単にできるICレコーダーのほうがはるかに便利です。立ち話でコメントをとる場合や、10分程度の短い取材なら、スマートフォンの録音機能で対応できます。ただし、スマートフォンでは、電池切れで録音が途中で終わってしまったり、音声データを誤って消去したりすることがあります。取材は一発勝負、「もう一度取材をお願いします」というわけにはいきません。そのため、取材の日は万が一のことを考えて、録音できる道具を二つくらい用意しておくといいでしょう。心配性の私は、どんな取材のときもICレコーダーを2台持参し、同時に録音しています。

通常の取材やインタビューでは、どこかの部屋で相手の話を聞くことになります。取材を始める前に「録音させていただいてよろしいですか」と一言断りを入れて、相手の近くにICレコーダーを置かせてもらいます。

取材の場所は、会社の応接室や会議室などなら静かですから問題ありません。気をつけなければならないのは、喫茶店などでの取材やインタビューのときです。こういう機会はけっこうあります。その場合、店の構造によっては、BGMやコーヒーメーカーの機械音、電話の音やほかの客の声などが響いて、録音したものが聞き取りにくくなることがあります。高速道路や線路が近い建物などでは、相手の声が騒音でかき消される場合もあります。できれば、そのようなことのない場所で取材をするのがいいのですが、取材場所は相手に指定されることも多いので、このようなときは、取材中に話の内容をしっかりメモしておきます。

取材環境が悪いとき以外でも、メモをとることは必要です。相手の話を聞くことに集中し、記録をＩＣレコーダーに任せきりにしている人がいます。それでもかまわないのですが、できれば同時にメモもとる。理想は、そのメモを見るだけで原稿が書けるくらい、しっかりとポイントを押さえてメモをとることです。そのメモがあれば、録音したものを必要なところだけ聞いて確認し、原稿を仕上げることもできます。

ただし、メモをとることに集中すると、質問がおろそかになることがあります。そのような場合は、最低限、キーワード、要点などを書いておきます。また、取材を受ける人が複数で、かつそれぞれが思い思いに話しているような場合、録音したものをあとで聞く際、音声データだけではこの発言はだれのものだったかがわからなくなることがあります。そのようなときも、「Ａ氏、何々について」とメモをしておくと、間違いが起こりません。

録音した音声データをもとに原稿を書く際は、必要なところを何度か聞きながら書いていく方法があります。短い原稿ならそれでもいいでしょう。しかし、長時間の音声データを長い原稿にするような場合、時間のむだになることがありますし、大切な発言を聞き逃すこともあります。そのような場合、ちょっと面倒ですが、音声データを全部文字にしてしまうと便利です。テープ起こしと言います。慣れないうちは10分の音声を文字にするのに1時間くらいかかる場合もありますが、熟練してくると、音声を聞きながら同時に文字にすることもできるようになります。あるいは、お金を払って、テープ起こしの専門業者に頼む方法もあります。

そのようにして文字にしたデータを印刷して読み、どのように書くかを考えます。構成を組み立てる作業です。この話とこの話はここに使おう、これは最後に持ってこようという具合に全体の構成を考える上で、文字にしたデータは大いに役立ちますし、何度も聞く必要もなく、相手の大切な発言内容を見落とすこともなくなります。

デジタルカメラは情報収集にも便利

取材にはデジタルカメラも欠かせません。ライターといっても原稿を書くだけが仕事ではありません。取材にカメラマンが同行しないこともあり、インタビューを受ける人の顔や建物の外観などをライターが撮らなければならないことがあります。

けっこうむずかしいのが、室内で話しているときの相手の表情です。目をつぶってしまったり、表情が硬かったりと、なかなかいいものが撮れません。たまにフリーペーパーやタウン誌などでちょっとひどいなという写真が載っていたりします。おそらく取材に行った人が撮ったものでしょう。

被写体になってくれた人に失礼のないようにきちんと撮れるカメラを使い、フラッシュなどの使い方も習得しておきます。1秒間に何枚も撮れる連写機能がついているものなどは便利です。秒間4、5枚以上の性能のもので何枚も撮っておきます。

デジタルカメラの使い道は、取材相手の顔を撮るだけではありません。取材に行ったとき、看板や街の様子、風景などを撮っておくと、原稿を書く際に参考になることがあります。遠方に行ったときは、駅舎、名所旧跡も撮影しておくと、思いがけず別の原稿の仕事で使えた、といったこともあります。

仕事のときに限らず、いつもデジタルカメラを持ち歩き、情報の収集・記録の道具として活用しましょう。また、記録用ならスマートフォンのカメラでも十分使えます。

資料の整理、保存はプリンター、スキャナーで

プリンターは、大量の資料を印刷する際や原稿を読み返す際に重宝します。前にも触れましたが、読み返し（推敲）はディスプレイ上で行うより、紙に印刷して目を通したほうが、誤りや文章の不備などが見つけやすいものです。

また、スキャナーがあると、取材相手から借りた古い写真やチラシなどを画像データとして取り込んで、編集部に送るときなどに便利です。携帯用のスキャナーもありますし、スマートフォンにも手軽なスキャナーアプリがあります。忙しい人はモバイルパソコンとスキャナー、あるいはスマートフォンで移動の合間に編集部とデータのやり取りなどができます。

❗ 資料集めの際は複数の資料にあたる

原稿を書く際、資料をもとに書くことが多いものです。取材の準備として資料に目を通さなければならないこともあり、資料集めは大切な仕事となります。書くものによっては、どれだけ資料を集められたかで内容の充実度が決まることもあります。

資料収集の取りかかりとして便利なのがインターネットです。キーワードを入力すれば、様々な情報が得られますし、どのような関連資料があるのかもわかります。

旅行に行くときなど、インターネットでいろいろ情報を収集するでしょう。ホテルを予約する場合は、そのホテルの情報、利用者の声を参考にするでしょうし、目玉の観光スポットについても、そこへ行く方法や特徴などを事前に調べるでしょう。

文章を書く際の資料収集も同じことです。特別なことではありません。ある企業に取材に行く場合、インターネットでその企業のホームページをまず見て、基本的な情報を得ておきます。それ以外の情報、たとえば、その企業について書かれた雑誌や新聞などの記事もインターネットで調べておきます。歴史上の人物について何かを書く場合なども、今はインターネットで基本的な情報を得られるようになりました。

ただ、それだけに頼るのは大変危険です。インターネットにはいい加減な書き込みや間違った情報も多いからです。

まずインターネット内で複数の情報にあたり、どれが正しいかをできるだけ確認しておく。そしてさらに、図書館、公立・私立の資料館などを活用し（こういう公共の施設は、何々について調べたいのですが、と言えば、親切に対応してくれます）、必要なら遠方まで調べに行き、一つのことについて、複数の資料、文献にあたって、間違っていないか確認することが大切です。そうしないと、たまに見かける間違いの連鎖に陥ってしまいます。Xという本に「AはBだ」と書いてあり、これが間違っているのに、Yという本を書いた人がXを参考にして、同様に「AはBだ」と書いてしまい、続いてZという本を書いた人も同様のミスをするということがあるのです。

歴史の本を書いているときに、こういうことがありました。ある書物の名前を人の名前だと書いている本があったのです。たぶん、その本をもとに書いたのでしょう。それについて書かれたインターネット上のある文章にも人の名前としているものがありました。きちんと調べず、間違った情報をもとに書いてしまい、間違いの連鎖に陥っているのです。もし私が二つの情報に書いてあるのだから大丈夫だろうと、それに従ったら、私も間違いの連鎖に陥っていたでしょう。実際にその本を探し、自分の目で確認しました。人の名前でないことは一目瞭然でした。

このような初歩的な間違いではなく、専門的な内容での間違いもあります。どんな人も完璧ではありませんから、仕方がないのですが、大学教授が書いた解説の文章でも、間違いがあることがあるのです。おそらく大学院生などに書かせて、十分に確認しなかったからでしょう。ちょっと調べればわかる間違いを専門家がしてしまうのです。ですから、どんな権威のある人の文章でも100%信じることはできません。ともかく、複数の文献、より信頼度の高い文献を調べるという作業が必要です。間違った原稿を書いてしまうと、プロとしての信用を損なうことになりますから。

資料集めという点では、新聞も大切な情報源です。主要な新聞はできる限りチェックして、気になる記事があったらメモしておくなりします。たとえば、自分がスポーツライターとして仕事を続けていこうとしているのなら、スポーツの情報を、経済専門のライターとして食べていこうとしているのなら、経済関連の記事をチェックしておくことは欠かせません。将来、ある事柄についての本を書きたいと思っているのなら、それに関する記事はどんなものでも収集しておく。印刷されたものはスキャンすれば、データとして管理することができます。

ただし、新聞や雑誌にも間違いはあります。朝日新聞で言えば、「訂正して、おわびします」という訂正文が週に何度か見られることがあります。記事が出た何日後に訂正が出るかはわかりません。2017年3月2日夕刊の「訂正して、おわびします」では、2016年3月30日の、つまり、1年近く前の記事の訂正が出ていました。このことからも、複数の文献を調べることが大切だということがわかるでしょう。

先に図書館に行く話に触れましたが、資料集めは自分の足で行います。思わぬ発見があるからです。ある地方の記念館に取材に行ったときのことです。取材が終わり、時間があったので地元の小さな図書館をのぞいてみました。すると、地元の資料を集めたコーナーに、まだ全国的には知られていない資料が置かれていました。そこまで足を運ばなかったら見つけることができなかったものです。

それとは別の話で、地方の家に歴史的な資料を見せてもらいに行ったとき、その家の人がこんなものもありますよと、資料を調べた段階ではそのようなものがあるとはわからなかったものを出してきてくれたこともあります。その資料によって原稿がより充実したのは言うまでもありません。いつもこのような幸運が待っているわけではありませんが、むだを覚悟で歩き回ることもライターには必要なことです。

！ 取材の前にアポイントメントをとる

取材は、原稿を書く素材を得るために欠かせません。たとえば、ある観光地を紹介するのに、資料やインターネットで集めた情報だけで書くのと、実際に現地を取材して書くのとでは記事の内容に違いが出ますし、自分で見聞したことなら、自信を持って書くこともできます。

人や企業に取材することも多くあります。その際の基本は取材のアポイントメント（約束）をとることです。せっかく行ったのに会えなかったら時間のむだですし、突然行くというのは相手の都合を考えないわけで、失礼になります。

アポイントメントをとる際には、自分についてきちんと説明します。フリーライターなら、「フリーライターの○○と申します」と名乗ります。出版社や雑誌の仕事で取材を依頼するのなら、たとえば、「A（出版社や雑誌の名前）の取材を担当しておりますフリーライターの○○と申します」、あるいは「Aのライターの○○と申します」と名乗ります。そして、取材の目的を明確に伝えます。これは、先方に準備をしておいてもらうためにも、後に誤解やトラブルを招かないためにも大切です（相手が企業なら必ず広報担当の部署がありますから、そこを通します）。

アポイントメントをとることは、電話で行うのが基本です。ただ最近は、取材の申し込みをホームページのフォームやSNS、チャット（インターネットで会話をする仕組み）で行う企業も増えています。この傾向は昔からある大企業より、新興のベンチャー企業などに顕著です。

ホームページなどからの取材の申し込みには、よい点と悪い点があります。よい点はこちらの意向を文章にして申し込めること（電話ではこちらの意向をすべて伝えきれない場合があります）、相手の勤務時間を気にせず夜中でも申し込めること。悪い点は、申し込みをしても、その返事がいつくるかわからないこと。場合によっては返信のない場合もあるので、締め切りまでの時間が迫っているときには焦ります。有名な新聞や雑誌からの依頼はすぐに対応し、フリーライターの依頼は後回しということもあるようです。

また、取材の申し込みの際、先方から「企画書を送ってください」と言われることがあります。企画書を編集部が作成している場合もありますが、ライターがつくらなければならない場合もあります。その場合は、編集部と打ち合わせた企画の内容、取材の目的などを自分でまとめて、先方に送ります。

取材は断られることもあります。受けてもらえる確率は50～60％程度でしょうか。スケジュールがとれない、企画の内容に対してコメントできない、今話せる段階ではない等々、断られる理由は様々です。私などはアポイントメントがとれたら、その仕事の半分は達成したという感覚があります。企画内容にもよりますが、約束を取り付けるのはけっこうむずかしいのです。

遠くに取材に行った折に、話の流れで追加の取材の必要が出て、現地でいろいろな人に話を聞かなければならないこともあります。その場合は、アポイントメントなしの取材となるわけですが、話を聞かせてもらう折に、その都度、取材の目的と内容を伝えて了解をとり、取材をするようにします。このようなとっさの判断でお願いした取材で、意外にいい話が聞けることもあります。

❗ 取材は相手の話を引き出すことに徹する

実際の取材はどうするか。

言うまでもなく、取材の際、約束した時間は厳守です。指定された場所に時間通りに行くのはもちろんですが、特別なことがない限り、約束した終了時間に取材を終えるようにします。

取材の進め方は人それぞれで、自分なりの方法でいいと思います。通常の手順としては、会って名刺交換を行ったあとに、取材の目的を改めて説明し、どれくらいの時間をもらえるのかを相手に確認し、それに合わせて、取材を進めるようにします。

取材はあくまで相手から情報を得るのが目的ですので、自分の話は控えめにします。ある事柄について、こちらは取材する側なのに自分の知識をひけらかしたり、自慢話をしたりして時間を使ってしまう人もたまにいますが、限られた時間を有効に使う上でそのようなことのないようにしましょう。もちろん相手の話を引き出すきっかけとして、自分の知識を話すのは問題ありません。

取材相手には饒舌な人もいますし、口が重い人もいます。一つの質問に関して、とめどもなく話したり、脱線したりする人に対しては、この問いに関しては必要なことが聞き出せたと思ったら、「時間が限られていますので」と、次の質問に移らないと、聞きたいことの半分も聞けずに終わってしまいます。そのタイミングはむずかしい。相手は気持ちよく話しているわけですから、それを中断すると、気分を害する恐れもあります。相手が一息ついたときなどに、「その話、もっとお聞きしたいのですが、時間が……」という具合にうまく次に進めなければなりません。

反対に、こちらの質問に対して一言しか返さない人もいます。このタイプの人から話を引き出すのは大変です。その場合、「たとえば、こういうときは」「このような場合は」「調べたところではこのようですが」など、なるべく具体的に、いろいろな角度から質問を向けると、相手も「そのことだったらこうだ」という具合に対応してくれることがあります。人によっては、じっくり考えながら話す人もいます。その場合、間があきます。せっかちなライターは次の質問に入ってしまいますが、この間を待つことが大切です。よい話が出てくることがありますから。

また、この話だけで記事が書けるというほどいい話をしていたら、ほかに質問項目が残っていても、中断しないで続けてもらいます。そのへんの判断はその都度しなければなりません。電話やファクスで確認すれば十分な質問は後回しにします。ですから、事前の準備が必要です。今日はこれについては絶対話してもらおう、これは時間があったら聞いてみようという具合に、頭の中もしくはメモの形で質問項目の優先順位をはっきりさせておくのです。

喫茶店などで取材をする場合、費用が発生します。大切な時間を割いてくれているわけですから、取材を受けてくれた人には払わせてはいけません。編集者と一緒なら、編集者に任せ（編集者が出したときは、当たり前だという顔でいるのではなく、あとで「すみません」「ごちそうさま」くらい言っておきましょう）、そうでないなら、ライターが払わなければなりません。取材にかかわるこのような経費は、出版社など仕事先が出してくれる場合と自腹の場合があります。いずれにしても領収書をもらっておき、経費を申請できる契約の場合は仕事が終わったときに経費の書類を出版社に提出し、自腹の場合は確定申告のときに必要経費として申告します。

媒体・購読者に合わせて書く

資料集めや取材で得られた情報をどう使うかは、原稿を書く上で大切なことです。文章量が限られている場合、特に言えることです。

せっかく話を聞いたのだから、せっかく調べたのだからと、情報を一緒くたに盛り込んだりすると、読みにくい文章、言いたいことが伝わらない文章になってしまいます。原稿の目的に応じて、情報の重要度に違いが出てくるはずです。重要度の高い情報を優先し、低い情報は、たとえ得るのに苦労した情報であっても、思い切って捨てなければなりません。

たとえば、ある会社、ある店の商品やサービスを取り上げる場合、対応に出た人は、こちらの目的とははずれても、宣伝になることを話してくることがあります。初心者のライターに見られることですが、相手が話したことは全部記事に盛り込もうとして、結果、広告記事のようなつまらないものになってしまうことがあります。相手がいくら熱心に話した情報でも、こちらの目的に合わないものは捨てることも大切なのです。集めた情報は重要度によって整理し、文章の構成を考えて、不要な情報は思い切って捨てていきます。

実際に書く際は、媒体・購読者に合わせて原稿を書くことがプロとしての必要な務めです。男性誌、女性誌、子供向け、高齢者向け、若者向け、専門性の高いものなど、文章を載せる媒体はいろいろあり、各媒体に合わせた書き方が求められます。

子供向けの雑誌には、むずかしい言葉は使えませんし、専門性の高いものに、若者向けの雑誌のようなくだけた表現は合いません。女性誌なのに、女性に嫌悪感を与えるような表現を多用したら、書き直しを求められるでしょう。

自分の文章が掲載されるものはどういう種類のものなのか、その媒体はどんな人が読んでいるのかを十分に考え、それらに対応するようにします。新聞や雑誌ならバックナンバーを入手して読み、ほかのライターがどのような書き方をしているのか、どのような言葉遣いをしているのかを、事前に把握しておくといいでしょう。

❗ 編集者が求めているのは「いい原稿」

趣味でブログに書いている原稿なら、間違ったことを書いてもすぐに自分で書き直して、改めて載せることができます。しかしプロの仕事はそうはいきません。

ある人気タレントのインタビュー記事を雑誌に載せる仕事を引き受けたとします。相手が多忙で、ようやく時間がもらえたのは締め切り前日だった。こうなると、取材の失敗は許されませんし、原稿も一晩で仕上げなければなりません。掲載されるものが印刷物なら、手軽に直すことはできません。ライターの仕事も、スポーツの試合や芝居などと同様、緊張感や集中力を求められる一発勝負のことがあるのです。

また、取材に予行演習などはありませんし、出版社に出す原稿にも試し書きなどありません。毎日が本番であり、常に求められているのは、いい完成原稿なのです。

初めての出版社では、編集者がこちらの実力をつかむため、「一度書いてみてくれませんか」と提案してくることがあります。そこで原稿が使えるとなれば、編集者の信頼が得られます。「ここはこうしてください」と書き直しを求められることもあります。その際は指摘に従って書き直します。細かい書き直しはよくあることなので、「書き直しを求められた。どうしよう」と落ち込むことはありません。書き直して問題のない原稿だったら、続けて仕事をもらえるでしょう。

締め切りは厳守

仕事には締め切りがあります。これを守るのが大原則です。

文章はうまいのですが、締め切りを守らないあるライターがいました。編集者はそのライターの原稿を掲載する予定でいるのに、彼は締め切りを大幅に過ぎて原稿を持ってきます。そのようなことが何度か重なり、結局、編集者は「予定が立たないんだよね」と、そのライターを使わなくなりました。編集者にとって紙面を空けてしまうのは責任問題です。そのリスクをもたらすライターは使えないのは当然でしょう。

また、雑誌などは発行日が決まっています。ライターが原稿を書いてすぐに雑誌ができるわけではなく、デザイナーや校正者などの作業が続きます。さらに印刷もしなければなりません。ライターが締め切りを守らないとどうなるでしょうか。その後の仕事を担当する人たちにしわ寄せがきて、大いに迷惑をかけることになります。

ですから、仕事の依頼があり、締め切りがわかったら、自分のペースを考え、それに合わせて仕事を進めるようにします。その間に別の急ぎの仕事が入るなど、予想外のことがあるかもしれませんので、余裕を持ったスケジュールにします。

また、取材が思うように進まないなど、どうしても締め切りに間に合わないときは、編集者に連絡し、相談しながら進めるようにします。トラブルなどが万一あったときのために、時間的余裕を持って締め切りが設定されていることもあり、どうしても無理な場合は早めに相談し、スケジュールを改めて決め、それを守るようにします。

新人ですから、は通用しない

通りすがりのラーメン屋に入って1杯600円のラーメンを食べたところ、素人の料理のような味つけだったとします。店主が「まだまだ勉強中なので、すみません」と言ったらどうでしょう。食べた限りは代金を払わなければならないでしょうが、詐欺にあった感じがします。「きちんとしたものを出せるようになってから店を出せ」と言いたくなります。

原稿も同様です。「新人なので、初めてなので、この程度です。でも一所懸命書きましたので、掲載してください」というのは通用しません。

雑誌なら、その原稿を掲載して読者からお金をもらいます。お金を取れないような内容だったら、その雑誌を出している出版社が、先のラーメン屋と同じことをしていることになります。「ライターが新人なので、読者のみなさん許してください」というわけにはいかないのです。

もしそのようなライターの原稿ばかりを掲載したら、雑誌は売れなくなります。そうならないために、ライターの原稿がひどかったら、編集者が手直しするか、別の者に書かせるかしなければなりません。複数の企画を持ち、仕事に追われている編集者は、なるべく自分の手間はかけたくないと思いますし、使えない原稿にお金を払おうとは思いません。新人だろうがなんだろうが使える原稿を持ってこい、ということとなのです。仕事は結果を示す場であり、自分を磨く場ではないのです。

❗ 編集の狙いからずれた原稿はボツになる

単行本にしても雑誌にしても、依頼する編集者の狙い、意向というものがあります。ライターを職業とするのなら、それに応える原稿を書かなければなりません。

ライターが、編集者の意向を無視した内容の原稿を書いたりしたら、いくらすばらしい内容の原稿であっても、編集者にとっては使えない原稿、いわゆるボツ原稿となります。

ベテラン編集者は、文章の良し悪し、内容が適切かどうかをすぐに判断することができます。狙い通りの原稿でなければ、厳しく指摘されることもあり、そのアドバイスや意見は謙虚に聞くべきです。優れた編集者の指摘は的を射ていることが多く、編集者のアドバイスによって原稿がよりよく仕上がることがあるのも事実です。

もちろん、納得がいかないこともあります。その時は話し合う。それでも納得できない場合は我慢すればいい。

この我慢。ライターにとって必須の条件かもしれません。自分の文章にプライドを持ちすぎて（客観的に見てその文章が良いか悪いかは別にして）、編集者の意見を受け付けない人がいます。そのような姿勢で仕事をすれば、どんな編集者とも長くは続きません。プライドをある程度抑えて、自分なりの文章を保ちつつ、編集者の意見も取り入れることは、ライターとしての処世術の一つと言えます。

また、編集者によっては、意見や文句を何か言わないと仕事をしたことにならないと勘違いしている人もいて、どうでもいいことに文句をつけられることがあります。結局のところ、それはどうでもいいことですから、「はい、そうですか」と聞いておきましょう。

いずれにしても依頼を受けたら、事前に編集者の意向、企画の狙いをしっかりと聞いておくことが大切です。中には、漠然としたテーマしか話してくれない場合があります。編集者のほうでも、方向性は決まっているが、具体的にどうするかが未定で、まず取材を進め、ライターと相談して原稿の狙いを定めようというのです。そのようなときは両者で連絡を取り合って、内容を絞っていくようにします。

❗ 原稿の質と書き手の人柄は別物

編集者の仕事は、よりよい雑誌、本、より売れる雑誌、本をつくることです。そのため、ライターの仕事に対する判断基準は原稿の質です。人柄がいくらよくても、きちんとした文章が書けなければ、一人前のライターとして扱ってもらえません。一緒に酒を飲むことはあっても、仕事を発注してくれることはないでしょう。

ならば人柄が悪くてもよい、というわけではありません。いくら仕事ができても、会うたびに不愉快になるようなライターであれば、編集者は別のライターを探して、そちらに仕事を依頼します。人柄に問題がなく、仕事もそれなりにできるライターなら、編集者が別の雑誌の担当になったり、違う出版社に移ったりしても、仕事を出してくれます。その意味で、編集者との付き合いは大切です。

今は編集者との原稿や情報のやり取りはメールでほぼできてしまうので、互いに顔を合わせる機会はなかなかありません。できれば、たまには編集者のところに足を運び、顔を見ながら話すということも、長く付き合っていく上では必要です。特に年配の編集者は、インターネットが普及する前は、ライターと直接会って原稿を確認していました。そういう編集者は「たまに顔を見せてよ」などと言うことがあります。直接会って、仕事の話や雑談をする関係ができていれば、たとえメールの文面にちょっと失礼な表現があったとしても、「あの人のことだから、こういう意味で書いたのだろう」というように、誤解を避けることができるものです。

❗ ライターが企画から関わることもある

ライターの仕事は編集部で企画ができてから発注されますが、中にはライターが企画段階からかかわったり、ライター自身が企画を持ち込んだりすることもあります。出版社、編集者は常によい企画を求めています。「いい企画ないか」とは、よく編集者から聞かれる言葉です。ライターが本や雑誌の特集記事などのアイデアを出せば、編集者から喜ばれ、重宝がられます。もちろん、採用されないこともあります。しかし、企画が通れば、当然、その本の原稿作成、特集の取材、執筆を任されることになり、仕事と実績につながります。

いい企画を考えるには、情報を幅広く収集し、世の中の動向も把握して、どんなことを本や記事にしたら売れるだろうかと、考えておく必要があります。

！「リライト」は伝わる文章に仕上げる仕事

ライターの仕事に、別の執筆者の原稿を書き直して読みやすくする「リライト」という仕事があります。文章を書くことが苦手な有名人や、企画はおもしろいが、文章が素人レベルという人の原稿を、人に読んでもらえる文章に修正する仕事です。

この仕事で大切なことは、著者の言いたいことを把握し、より的確に人に伝わる文章にすることです。かりにその内容、主張が自分の考えと反するものであっても、著者の意図する内容をきちんと伝えることに力を注がなければなりません。時には内容にかかわる資料を探して、裏付けをとったり、著者の主張を補強したり、誤りを訂正したりということが必要な場合もあります。また、著者の書いた文章が意味不明だったり、論理が破綻したりしていて、ちょっとした手直しではどうしようもないことがあります。その場合は著者の了解をとって、思い切って構成を見直すなどします。

! 編集プロダクションから注文がくることもある

出版社から外注という形で仕事をもらい、本や雑誌、あるいはその一部をつくっているのが編集プロダクションです。ライターにとってここも大切な仕事先です。

しかし、編集プロダクションもいろいろです。仲間のような感覚で仕事が楽しく進められ、原稿料のことなども含めてライターのことを気遣ってくれる会社がある一方、ライターを都合よく使って、原稿料は格安というところもあります。

こんなところもありました。ライターを何人も登録させておいて、企画の段階で（つまりその企画が実際に記事になるか、本になるかわからない段階で）、ライターに取材をさせ、原稿も書かせて、出版社に持っていき、不採用となったら、ライターには交通費程度の費用しか払わないというプロダクションです。プロダクションにとって、企画が通ったらお金になり、通らなかったとしても、たいした出費をしなくて済むというわけです。

近頃インターネットのライター募集広告で、1文字1円以下という粗悪な条件の募集を見かけます。ライターとして職業的な自立を目指すなら、このようなところの仕事はあまりしないほうがいいでしょう。

❗ 編集者と良好な関係を保つ

編集者にもいろいろいます。尊敬できる人、頼りになる人、一緒に仕事をして楽しい人も多いですが、肌が合わない人もいますし、性格が悪い人もいます。いい加減な人もいます。

仕事ですから、どんな人とも付き合っていかなければなりません。とは言っても、どう考えてもこちらは悪くないのに、また、言われた通りの仕事をしているのに、理不尽なことを言ってくる人もいて、我慢できないこともあります。

仕事を請け負うライターのつらいところですが、相手がどんなに理不尽でも、ケンカを吹っかけてしまったら、よほど必要とされていない限り、仕事はなくなります。堪忍袋の緒を切るかどうかは自分の判断ですが、切ってしまったら、同時に仕事がなくなると思いましょう。

また、理不尽な仕事、自分がどうしても打ち込めない分野の仕事は別ですが、できればどんなに忙しくても、仕事を断らないことです。知名度が上がり、多方面から仕事がくるようになると、仕事に優劣をつけるようになり、「こんな小さな仕事、このおれがやるものか」という気持ちで仕事を断る人がいます。そのような気持ちは、依頼する編集者にも伝わります。すると、二度とそこからは仕事がこないでしょう。

もちろん、長い付き合いがあり、ほんとうに忙しくてできないという場合には、編集者も納得してくれて、「では次の仕事のときは頼みますよ」と言ってくれますが、初めての仕事先やまだ付き合いの浅い仕事先に対して断ったら、次の仕事はないと思ってください。ライターとして長く生きていくには、基本的には偉ぶらずに、仕事は断らないという気持ちが必要です。卑屈になれということではありません。

❗ それでも仕事はなくなることがある

仕事を断らず、きちんと結果も出している。それでも仕事は突然なくなることがあります。これはライターの宿命です。毎号原稿を書いていた雑誌が突然休刊になる、あるいは雑誌で担当していたコーナーが終わるということはよくあることで、そうしたらその仕事もなくなるのは当然の結果です。

また、出版不況が続き、出版社自体が倒産することもありますし、編集プロダクションから仕事をもらっている場合、そのプロダクションがつぶれることもあります。

出版社の社員なら、雑誌が一つ休刊になっても、別の雑誌に移って給料をもらえますが、ライターは休刊と同時にその収入がなくなります。ライターを職業としていく上で、収入が突然減るということは、常に覚悟しておかなければならないことです。ですから、できれば、貯金をして、数か月仕事がなくても生活できる状態にしておくことも大切だと思います。

目の前の仕事をコツコツと積み重ねる

最初はどんな小さな記事でも、原稿料が安い仕事でも、一所懸命やることが大切です。経験が少ないライターに対して、小さな記事を依頼してその力を試す編集者もいます。そのような仕事をコツコツと積み重ねて、信頼を得ていけば、より大きな仕事を任せてもらえるようになります。そして、それが実績となり、「あの雑誌で仕事をしてきたのなら大丈夫だろう」と、ほかのところも発注してくれることになります。

編集者の信頼が得られれば、その編集者が使っている編集プロダクションなどを紹介してくれることがあります。その新たにできた仕事先で実績を積めば、今度は、プロダクションの人が、別の雑誌の編集者を紹介してくれるということもあります。また、ライター同士の付き合いがあれば、「○○の出版社がライターを探しているんだけど、君が得意だと言っていた分野だよね。どうかな」というように、仲間から仕事の話が入ることもあります。

このようにライターの仕事は、人からの紹介で広がっていくことが多い。その縁を広げるためには、紹介した人を裏切らないだけの力をつけておかなければなりません し、どのような仕事の話がきても、ある程度対応できるだけの知識を持っておく必要もあります。新しい仕事の話の場合、「こういうテーマだけど書けますか」「この分野の仕事は得意ですか」というような打診の仕方をされることがあり、専門家とまではいかなくても、日ごろからある程度知識を蓄えていれば、「できます」と答えることができます。

知識を増やすには、いろいろな分野に幅広く興味を持ち、本やインターネット、テレビなどから、積極的に吸収していくようにします。要は勉強するということです。

！自分の書きたいテーマを追い続ける

原稿を書き続けている人、ライターを目指す人の多くは、そのうち自分の著作を出したいと思っているのではないでしょうか。それを実現する過程は人によって異なります。運よく本を出せるチャンスに恵まれる人もいれば、逆に、実力があっても、なかなか実現できない人もいるでしょう。

私の場合は、フリーライターになって5年くらいのとき、編集者の好意で本を出すことができました。ある雑誌で、ベンチャービジネス、ニュービジネスの取材をして記事にまとめる連載を続けていたら、編集者から「これを本にしませんか」と提案されたのです。本にできたのは、2年ほど連載したものが、一つのテーマで取材したものだったからです。その都度違うテーマで書いていたら、1冊のまとまったものにはならなかったでしょう。

ライターとして様々な分野で幅広い仕事をしていても、それだけではなかなか本を書ける機会は得られません。日々の仕事を続けながら、その中で自分なりに深められるテーマを持つことが必要なのでしょう。そして、そのテーマで1冊分の内容が書けるだけの積み重ねがなければなりません。積み重ねというのは、そのテーマに関する取材の積み重ね、より深く知るための学習の積み重ね、よりよい文章を書くための精進の積み重ねであり、それらの結果としての完成原稿の積み重ねです。

この積み重ねをしていくうちに、だれかの目にとまって、あるいはなんらかの機会を得て、あるいはだれかの好意によって、著作という形になるのではないでしょうか。

気乗りしない分野の仕事も含めて（これもしっかりと取り組めば、実力の向上につながります）、幅広い分野の原稿を書きつつ、自分なりのテーマを追い、腕を磨く積み重ねをしていくことが大切です。

文章を書くのに参考になる書籍

文章を書く心構えに関する本	
文章読本 谷崎潤一郎　中央公論新社	文豪による文章論。小説の文章ではなく、文章の上達法、文体、品格などを論じている。一度は読んでおきたい本。
文章読本 丸谷才一　中央公論社	博学の著者による文章論。過去の名文を取り上げつつ、文章の本質、レトリックなどを論じる。多くの名文に触れられる。
文章の話 里見弴　岩波書店	子供向けに書かれたもの。平易な言葉で文章とは何かについて語りかけてくる。内容は深い。
自家製文章読本 井上ひさし　新潮社	「話すように書くな」「踊る文章」など各項目で例文を示しつつ、言葉、文章について深く考えていく本。
文章読本 吉行淳之介・選　ランダムハウス講談社	萩原朔太郎、中野重治、吉行淳之介、宇野千代、川端康成など20人の文人が文章、文体について語る。
私の文章作法 清水幾太郎　中央公論社	社会学者による文章の書き方。文章についての著者独特のとらえ方などがあり、一読に値する。
文章の書き方の参考になる本	
井上ひさしと141人の仲間たちの作文教室 井上ひさしほか　新潮社	井上ひさしによる作文教室の記録。よりよい文章の書き方をわかりやすく解説している。
書く力　私たちはこうして文章を磨いた 池上彰・竹内政明　朝日新聞出版	ジャーナリストの池上彰と読売新聞論説委員の竹内政明がどう文章を磨いていったかを語る対談。文章の構成、伝わる表現などを、文例をまじえ、わかりやすく語っている。
文章の書き方 辰濃和男　岩波書店	朝日新聞の「天声人語」の元筆者が、文章を書く際に心がけるべきことを小説家などの文章を取り上げながら解説している。
わが子に教える作文教室 清水義範　講談社	読者が自分の子に作文を教えるにはどうすればいいかという形で話が展開しているが、著者が読者に教えてくれていると思って読んでも有意義だ。

リンボウ先生の文章術教室 林望　小学館	文章を磨くにはどうすればいいか、その技術を明快に論じる。巻末の添削は参考になる。
日本語の作文技術 本多勝一　朝日新聞出版	修飾語の使い方、句読点のうち方、助詞の使い方など、作文の基本となることを丁寧に解説している。
悪文―裏返し文章読本 中村明　筑摩書房	悪文を取り上げ、どういう点に気をつけて書けば、まともな文になるかを解説していて、文章を書く上で必要なことを学べる。
書くことが思いつかない人のための文章教室 近藤勝重　幻冬舎	描写の仕方、書く手順、文章の直し方などを、質問、問題に対する答えという形で書いてあり、わかりやすい。
日本語作文術 野内良三　中央公論新社	文章の書き方の基本を伝授。巻末に「こういうときは、こういう表現を」という定型表現の一覧があり、便利だ。
文章をダメにする三つの条件 宮部修　丸善	文章を書く上での三つ禁止事項を中心とした文章論。これらの禁止事項は、読んでもらえる文章を書こうとする人には大切なことである。
伝わる・揺さぶる！　文章を書く 山田ズーニー　PHP研究所	文章を書く基本から、上司を説得する文章、お願いの文章などの書き方までを、具体的に解説していて、役に立つ。
新しい文章力の教室 唐木元　インプレス	文章を完成させるまでの手順を、短い文例をもとに解説している。
伝わる文章が「速く」「思い通り」に書ける87の法則 山口拓朗　明日香出版社	伝わる文章を書く要点を87項目に分けて説明。わかりやすい。
書くスキルUP！すぐできる！　伝わる文章の書き方 赤羽博之　日本能率協会マネジメントセンター	仕事などできちんとした文章を書くための基本を、短い例文で簡潔に解説している。
日本語の力を高めるために読みたい本	
大野晋の日本語相談　大野晋 大岡信の日本語相談　大岡信 丸谷才一の日本語相談　丸谷才一 井上ひさしの日本語相談　井上ひさし 朝日新聞社	この４冊は、国語学者、詩人、作家が、週刊朝日の読者の、日本語に対する疑問に答えた本。ふだん使っている日本語の疑問点などをわかりやすく解説していて、教えられることが多い。

ニホン語日記、ニホン語日記②　井上ひさし　文藝春秋 にほん語観察ノート　井上ひさし　中央公論新社	著者が気になった日本語を取り上げた随筆。随筆としておもしろいだけでなく、日本語の勉強にもなる。
日本語教室 井上ひさし　新潮社	上智大学で行われた講義をまとめたもの。日本語の歴史、特色などがよくわかる。
私家版日本語文法 井上ひさし　新潮社	「日本語の豊かな魅力を知らされる空前絶後の言葉の教室」。これは文庫版の紹介文の一部。日本語文法をいろいろな角度から取り上げたおもしろい随筆である。
日本語練習帳 大野晋　岩波書店	「は」「が」の正しい使い方、敬語の基本など、正しい日本語を学ぶ好著。
その日本語、伝わっていますか? 池上彰　講談社	著者が気になる日本語の誤用、問題と思う言葉の使い方などを取り上げていて、参考になる。
日本語のニュアンス練習帳 中村明　岩波書店	「現在」と「今」の違いなど、言葉のニュアンスの違いを文字、意味、語感などの面から説明。言葉の使い方に敏感になる。
日本語誤用・慣用小辞典 国広哲弥　講談社	「押しも押されぬ」「的を得る」など、いろいろな誤用を紹介し、正しい使い方を解説。かたわらに置いておくと役立つ。
日本語表記ルールブック　日本エディタースクール編 日本エディタースクール出版部	送り仮名のつけ方、数字の表記の仕方、単位の表し方など、文章を書く際に悩む表記の基本を記したハンドブック。
作家について綴られた本	
職業としての小説家 村上春樹　新潮社	人気作家が、どのようにして小説家となったのか、どのような姿勢で書いているのかなどを語った本。著者の小説家としての生き方は、小説家を目指す人の参考になる。
まだ見ぬ書き手へ 丸山健二　朝日新聞社	小説をどう書いていくのか、デビューするためにはどうするのか、小説家としてどう生きていくかなど、「まだ見ぬ書き手」への、著者の心の底からの言葉である。

坂本俊夫（さかもと　としお）
1954年栃木県生まれ。早稲田大学大学院文学研究科修士課程修了。フリーライター。著書に『シリーズ藩物語　宇都宮藩・高徳藩』『大相撲の道具ばなし』、共著に『東の太陽、西の新月——日本・トルコ友好秘話「エルトゥールル号」事件』『明治の快男児トルコへ跳ぶ——山田寅次郎伝』（いずれも現代書館）などがある。

編集　向井　槇
校正　良本淳子
ブックデザイン　壁谷沢敦子

伝わる文章
Before ≫ After

2017年4月30日　第1刷発行

著　者　坂本俊夫
発行者　木村由加子
発行所　まむかいブックスギャラリー
〒108-0023　東京都港区芝浦3-14-19-6F
TEL　050-3555-7335
www.mamukai.com

印刷　中央精版印刷株式会社

＊落丁、乱丁本はお取り替え致します。

ISBN　978-4-904402-01-6　C0036
Printed in Japan